JN081621

Bookkeeping and Accounting Test for International Communication

BATIC

(国際会計検定)®

公式テキスト

発行所／東京商工会議所
発売元／中央経済社

はじめに

企業活動のグローバル化は、業種、企業の大小を問わず進んでいます。
日本国内においても、海外企業との取引など英文会計を理解しなければならない場面が増えてきました。

そのような流れを受け、東京商工会議所ではグローバルな会計人材の育成を目的に、2001年よりBATIC（国際会計検定）を実施し、これまで多くの方に受験いただきました。

2021年度からは試験制度を全面的にリニューアルし、英文簿記の基本知識の理解に主眼をおいた試験内容といたします。
また、Accounting for Assets and Liabilities（資産と負債の会計処理）など、簿記から会計への橋渡しとなるような内容も試験範囲に含めております。

本書は、BATIC（国際会計検定）の試験範囲に対応したものであり、英文簿記に関する基本的な内容をわかりやすくまとめています。BATICを受験する方はもちろん、国際ビジネスに興味のある方、実務で英文会計に触れる機会のある方にも役立つ内容になっております。
本書が皆様の知識、キャリア形成の一助となれば幸いです。

2021年2月
東京商工会議所

本書の特徴と使い方

本書は、東京商工会議所が主催する「BATIC（国際会計検定）」に対応したものであり、試験対象となるトピックを網羅しています。英文簿記と会計の入門書であると同時にビジネス英語が学べるテキストにすることを目的としており、簿記を学んだことのない人でも、英語が苦手な人でも学びやすい一冊となっています。

● 会計サイクルに沿った構成
…仕訳から財務諸表作成まで、簿記の手順に従って学習できます。

● 応用的なトピック
…財務諸表分析や現金管理など、実務的な知識も学べます。

● ＜切り取り式＞今すぐ使えるビジネス英単語帳（英和・和英）
…オリジナルの専門単語帳として英語学習にご活用ください。

● Chapter ごとの難易度レベル（☆☆☆）
…３段階で示しています。スコア取得、学習の目安にご活用ください。

● 目安学習期間
…３か月を目安に学習を進めていく内容になっています。

会計と英語は、すべてのビジネスパーソンが着目する２大スキルです。BATIC を受験する方のみならず、国際ビジネスに興味をお持ちの方にもふさわしい内容となっております。本書が、皆様の知識とキャリア形成の一助となれば幸いです。

2021年２月

東京商工会議所

BATIC（国際会計検定）®

Bookkeeping & Accounting Test For International Communication

■試験要項

主催	東京商工会議所・各地商工会議所	
出題範囲	公式テキストの基礎知識とそれを理解した上での応用力を問います。	
合否の基準	400点満点・スコア制	
スコアと称号	得点に応じて称号が付与されます。 ・初級レベル（50%）……Entry ・中級レベル（80%）……Middle ・上級レベル（90%）……Advanced	
受験料（税込）	5,500円	
試験方式	IBT	CBT
概要	受験者ご自身のパソコン・インターネット環境を利用し、受験いただく試験方式です。 受験日時は所定の試験期間・開始時間から選んでお申込みいただきます。	各地のテストセンターにお越しいただき、備え付けのパソコンで受験いただく試験方式です。 受験日時は所定の試験期間・開始時間から選んでお申込みいただきます。 ※受験料の他にCBT利用料2,200円（税込）が別途発生します。
試験期間	※IBT・CBT方式共通 ■第43回　【申込期間】 6月15日（水）～ 6月24日（金） 　　　　　【試験期間】 7月22日（金）～ 8月 8日（月） ■第44回　【申込期間】10月 5日（水）～10月14日（金） 　　　　　【試験期間】11月11日（金）～11月28日（月）	
申込方法	インターネット受付のみ ※申込時にはメールアドレスが必要です。	
試験時間	70分 ※別に試験開始前に本人確認、受験環境の確認等を行います。	
受験場所	自宅や会社等 （必要な機材含め、受験者ご自身でご手配いただく必要があります）	全国各地のテストセンター

※BATIC（国際会計検定）®は、2022年度の実施を持ちまして終了させていただくことになりました。予めご了承ください。

お問合せ
東京商工会議所検定センター
TEL：03-3989-0777（土日・祝日・年末年始を除く　10：00～18：00） https://kentei.tokyo-cci.or.jp/

■試験範囲

Basic Concepts of Accounting and Bookkeeping	会計と簿記の基本概念
Transactions and Journal Entries	取引と仕訳
Journal and Ledger	仕訳帳と元帳
Trial Balance	試算表
Adjusting Entries	決算修正仕訳
Accounting for Inventory and Cost of Sales	棚卸資産と売上原価の会計処理
Worksheet and Closing Entries	精算表と締切仕訳
Financial Statements	財務諸表
Basic Assumptions and GAAP	基本的な前提と GAAP
Financial Statement Analysis	財務諸表分析
Internal Control	内部統制
Cash Control	現金管理
Accounting for Assets and Liabilities	資産と負債の会計処理

CONTENTS〈目次〉

Chapter 2 Transactions and Journal Entries (取引と仕訳)

難易度レベル ★☆☆ 1ヶ月目

Chapter 3 Journal and Ledger (仕訳帳と元帳)

難易度レベル ★★☆ 1ヶ月目

Chapter 4 Trial Balance (試算表)　難易度レベル ★☆☆ 1ヶ月目

Chapter 5 Adjusting Entries (決算修正仕訳)　難易度レベル ★★★ 2ヶ月目

Chapter 6 Accounting for Inventory and Cost of Sales (棚卸資産と売上原価の会計処理)　難易度レベル ★★☆ 2ヶ月目

Chapter 12 Accounting for Assets and Liabilities (資産と負債の会計処理) 難易度レベル ★★★ 3ヶ月目

CHAPTER 0 ―簿記を学ぶ前に―

Introduction to Bookkeeping

Chapter 0 Introduction to Bookkeeping

Introduction to Bookkeeping（簿記を学ぶ前に）

●簿記とは？

Bookkeeping（簿記）とは、商品の販売、給料の支払い、銀行からの借り入れといったさまざまな会社の活動を、決められたルールと手順に従って記録することです。とはいえ、単に記録するだけではありません。どれくらいの利益をあげたか、資産や負債の状況はどうなっているのかといったことが分かるように、記録を整理することでもあります。

簿記によって記録・整理された情報が報告書になったものを、Financial statements（財務諸表）と言います。財務諸表は、株主や経営者、従業員、また、投資家、銀行、行政など、会社に関心を持つさまざまなStakeholder（利害関係者）が利用します。例えば、株主は投資したお金がどうなっているかを知るために、投資家は投資すべきかどうかを判断するために、銀行は融資するかどうかを判断するために、財務諸表を利用します。簿記は、この財務諸表を作成するために欠かせない技術です。

また、会社の活動の記録・整理を含む財務諸表の作成と報告手続き全体のことを、Accounting（会計）と言います。日常会話では、外食をした時に「お会計」と言うような使い方もしますが、専門用語としては上の意味に使います。この会計の中で、簿記は、会社の活動を記録・整理するための技術、という役割を担っています。

簿記が生まれたのは、中世のイタリアと言われています。その当時の簿記は、商業と貿易の発展に従って規模が拡大し複雑になった取引を、効率的かつ効果的に記録・整理するためのものでした。その後、資本主義が発展し、より多くの人からより多くの資金を集めるために株式会社の仕組みが出来上がっていきますが、この株式会社の仕組みにおいても、簿記は取引を記録・整理する技術として用いられました。

ところが、株式会社という仕組みでは、会社の成績や状況を株主に報告する必要があります。その際、そういった情報を株主に正しく伝えるにはどうすればよいか、という問題が生じましたが、この問題は簿記の技術だけでは処理できないことでした。そこで、複式簿記の足りないところを補うために会計が生まれました。すなわち、会社の活動を簿記で記録できるように解釈するため、そして、記録された情報を株主に対して適正に報告するため、簿記が進化して会計ができたのです。

先に述べたように、現在、簿記という会社の活動を記録・整理するための技術は会計の一部という位置づけです。しかし、簿記なくして会計は成立しません。資本主義を支える基礎として重要な役割を担っています。

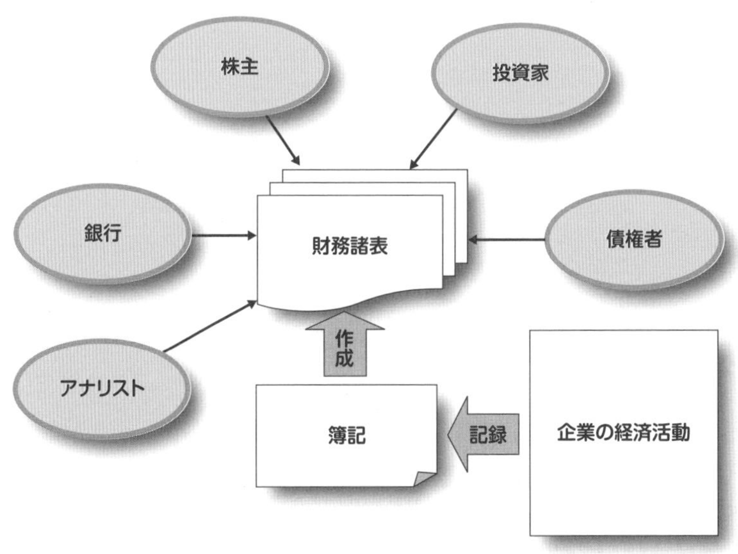

●単式簿記と複式簿記

ここまで説明してきた「簿記」は、厳密にはDouble-entry bookkeeping（複式簿記）と言います。通常、特にことわりなく簿記という場合は複式簿記を指しますが（以下、本テキストも同様）、記録方法や仕組みの違いから、簿記には複式簿記とSingle-entry bookkeeping（単式簿記）という2つの種類があります。そこで、これらの違いについて具体例で見てみましょう。

Mr. Whiteは、White Consulting Ltd.というコンサルティング会社を立ち上げることにしました。その5月中の取引は、以下のようなものでした。

5月 3日　現金$20,000を出資して、会社を設立した。
5月 8日　金融機関から$10,000借りた。
5月10日　オフィス家具を購入し、$12,000を現金で支払った。
5月25日　Mr. Greenより、当月のコンサルティング料として$3,000を現金で受け取った。
5月28日　オフィスの賃借料として、$1,250を現金で支払った。

これらの出来事を、単式簿記で記入してみましょう。

日　付	費　目	収　入	支　出
5月　3日	資本金	20,000	
5月　8日	借入金	10,000	
5月10日	家具		12,000
5月25日	収益	3,000	
5月28日	オフィス賃借料		1,250
合　計		33,000	13,250
収　支		19,750	

このように、単式簿記では、一つ一つの取引が収入と支出のどちらになるかで、記入を分けます。よって、記録を残す時はどちらか一方にだけ数字を記入します。

一方、複式簿記では、下記のようになります。

日　付	項　目	金　額	項　目	金　額
5月　3日	現金	20,000	資本金	20,000
5月　8日	現金	10,000	借入金	10,000
5月10日	家具	12,000	現金	12,000
5月25日	現金	3,000	収益	3,000
5月28日	オフィス賃借料	1,250	現金	1,250
合　計		46,250		46,250

例えば、5月3日の取引では、現金が$20,000増えたこと、及び資本金が$20,000増えたことを同時に記録します。また、5月10日の取引では、＄12,000の家具が増えたこと、及び＄12,000の現金が減ったことを同時に記録します。このように、複式簿記では一つの取引を二つの側面から記録するのですが、その理由についてはChapter 1で詳しく説明します。

●本テキストについて

(1) 本テキストのねらい

簿記は、会社の活動を記録・整理して財務諸表を作成するための技術として世界中で利用されていますが、言語、慣習、法令、会計基準などが違えば簿記にも違いが現れます。また、同じ英語でも、米国と英国では用語や考え方が異なる場合があります。

しかし、国や地域が違っても変わらない簿記の基本があります。それを象徴するのが、簿記を学ぶ時に必ずと言っていいほど登場するAccounting cycle（会計サイクル、または、簿記一巡の手続き）です。会計サイクルは簿記の一連の手順を簡潔にまとめたもので、国や地域で部分的な違いはありますが簿記に欠かせない要素は共通しています。本テキストでは、この会計サイクルに従って、簿記の基礎、すなわち財務諸表を作成するための技術として不可欠の要素を学びます。

<Accounting Cycle>

取引の認識・測定 → 仕訳 → 転記 → 試算表の作成 → 修正仕訳（決算整理） → 財務諸表の作成 → 締切仕訳 → 締切後試算表の作成

※本テキストは、主に米国で一般的な簿記の慣習に従って解説していますが、英国および日本の考え方も必要に応じて解説しています。

(2) 本テキストの構成

まずChapter 1では、複式簿記とはどのようなものかを理解するために、その基本概念を見ていきます。Chapter 2と3においては、複式簿記の仕組みとそれがどのように行われるかを理解します。その後Chapter 4からChapter 7までで、日々の仕訳が財務諸表に結実するまでの流れを把握します。そして、Chapter 8で財務諸表について学ぶことで、Accounting cycleについての学習は完了です※。

とはいえ、先にも述べたように、簿記は会計の一部です。簿記を学ぶ上で会計の基本を知っておくことは大切です。そこで、Chapter 9において、会計の基本的な考え方について学習します。

その後、Chapter 10で簡単な財務諸表の読み方、Chapter 11で内部統制の基礎知識と現金管理について学び、最終章のChapter 12では資産と負債の会計に一歩踏み込みます。

※会計サイクルでは財務諸表の作成後に締切仕訳を行いますが、本書では学習の観点から締切仕訳を先に学びます。

学習の流れ

複式簿記の基本概念（Chapter 1）

複式簿記による記録の仕組み（Chapter 2, 3）

記録の整理（Chapter 4〜7）

財務諸表（Chapter 8）

会計の基本（Chapter 9）

財務諸表の読み方（Chapter 10）

内部統制の基礎知識（Chapter 11）

資産と負債の会計（Chapter 12）

CHAPTER 1 —簿記の基本概念—

1ヶ月目 2ヶ月目 3ヶ月目

難易度レベル ★☆☆

Basic Concepts of Bookkeeping

Bookkeeping & Accounting Test for International Communication

BATIC

Chapter 1 Basic Concepts of Bookkeeping

1-1 Accounting Equation（会計等式）

複式簿記をその出発点にまで立ち戻ると、資産、負債、資本というたった3つの要素に行き当たります。また、これらの要素は、資産＝負債＋資本というごく単純な等式で表すことができます。この等式が成り立つように全ての取引を処理することが、複式簿記、そして会計の最も基本的な約束事です。

(1) Assets, Liabilities and Equity（資産、負債、資本）

Assets（資産）とは、過去の取引や出来事の結果として、現時点で企業がControl（支配）しているEconomic resource（経済的な資源）です。経済的な資源とは、現金・預金、商品、売った商品の代金を受け取る権利、業務で使う備品や機械など、売ったり使ったり交換したりすることで企業に経済的なBenefit（便益）をもたらすもののことです。

Liabilities（負債）とは、過去の取引や出来事の結果として生じた、経済的な資源を他者に渡さなければいけないという企業のObligation（債務）です。

例えば、経営資金を銀行から借りると、いずれ返さなければならない借金を背負うことになります。また、後払いで原料や商品を仕入れると、仕入時に支出はなくても、いずれ代金を支払わなければなりません。このような企業が実行しなければならない法律上、慣習上の責務や責任が、債務です。そして、現時点で確定した債務であるということが、負債の基本的な特徴です。

Equity（資本）とは、資産から負債を引いた残り（Residual interest）のことです。企業が所有している資産のうち、将来返さなければならない部分を差し引いた純粋な資産という意味で、Net assets（純資産）とも言われます。また、資本は、企業の所有者、すなわち出資者の資産に対する持分を表します。

資産と負債、資本の関係については、別の見方もできます。それは、負債や資本を、企業が資産を得るための資金の調達手段、つまり、会社の元手として見ることです。例えば、銀行から現金を借り入れればそれは負債というかたちの元手となり、株式を発行して出資者を募ればそれは資本というかたちの元手となるわけです。

また、企業は利益を求めて活動します。そして、企業が得た利益は、その所有者である出資者に還元されます。そのため、出資者の持分を表す資本は、出資者が企業に拠出した金額と、企業が得た利益を合わせたものから成り立ちます。以上の関係を図で表すと、以下のようになります。

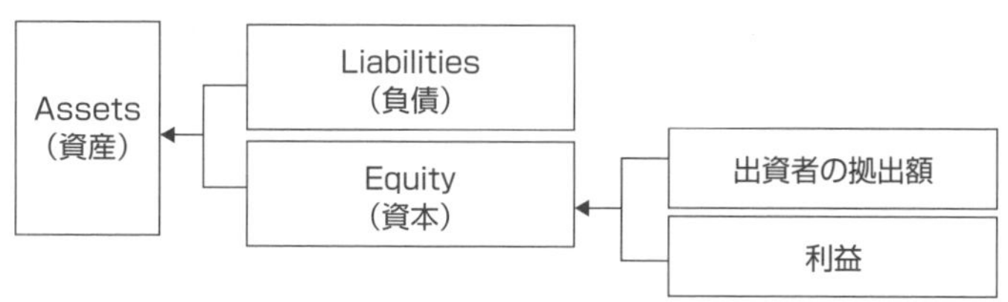

MEMO

株式会社は、大量の資金調達を行い、大規模な事業展開をする場合に最も適した会社の形態です。上場している株式会社では、誰もが株式を購入することができ、株主として会社の所有者になることができます。しかし、その責任は限られています。義務となるのは購入した株式の代金を払うことだけで、会社の借金に対して責任を負うことはありません。このように、誰もが気軽に株主となれる制度のおかげで、会社は大規模な資金調達を行うことができるのです。

一方で、株主は日々の業務に接することはありません。会社の経営は、株主が選任した経営のプロフェッショナルに委ねられます。これを「所有と経営の分離」と呼び、株式会社という会社形態の根幹を成しています。

とはいえ、株式会社の所有者はあくまで株主なので、会社の基本的事項を決定する権限などは、株主に残されています。

(2) Accounting Equation（会計等式）

資産の調達手段として負債と資本を考えれば、負債と資本の合計額は、常に資産の額と等しくなります。

これを、Accounting equation（会計等式）と呼びます。

また、会計等式は、下記のように表されます。

資産・負債・資本をこのように並べた表を、Balance sheet（貸借対照表）と呼びます（詳しくはChapter 8で学びます）。

例1）ある会社の Assets は $100,000 であるが、そのうち $30,000 は Liabilities である。この会社の Equity は幾らか？

Assets = Liabilities + Equity
100,000 = 30,000 + ?
Equity = 100,000 − 30,000 = $70,000

例2）別の会社の Liabilities は $100,000 であり、Equity は $30,000 である。この会社の Assets は幾らか？

Assets = Liabilities + Equity
? = 100,000 + 30,000
Assets = 100,000 + 30,000 = $130,000

Chapter 0 で例として見た White Consulting Ltd. の取引を、会計等式で考えてみましょう。

5月3日　現金 $20,000 を出資して、会社を設立した。

この取引には二つの側面がある。

①現金が $20,000 増えた。⇒　資産が $20,000 増えた。

②資本金が $20,000 増えた。⇒　資本が $20,000 増えた。

これを会計等式にあてはめると、

Assets	=	Liabilities	+	Equity
20,000	=	0	+	20,000

5月8日　金融機関から $10,000 借りた。

①現金が $10,000 増えた。　⇒　資産が $10,000 増えた。

②借入金が $10,000 増えた。　⇒　負債が $10,000 増えた。

Assets	=	Liabilities	+	Equity
20,000 + 10,000	=	10,000	+	20,000

5月10日　オフィス家具を購入し、$12,000 を現金で支払った。
①現金が $12,000 減った。　⇒　資産が $12,000 減った。
②家具が $12,000 増えた。　⇒　資産が $12,000 増えた。

Assets	=	Liabilities	+	Equity
30,000 − 12,000 + 12,000	=	10,000	+	20,000

＊現金という資産が家具という資産に変わっただけなので、資産全体の額に変化はない。Liabilities と Equity の額にも変動はない。

5月10日までの取引によって、White Consulting Ltd. の資産は $30,000、負債は $10,000、資本は $20,000 となりました。

これを先に示した表にまとめると、下記のようになります。

<table>
<tr><td rowspan="2">Assets
$30,000</td><td>Liabilities
$10,000</td></tr>
<tr><td>Equity
$20,000</td></tr>
</table>

(3) Income, Expense and Profit（収益、費用、利益）

資本が、株主が投資した資金と企業活動によって得られた利益からなることは、前に説明しました。これらのうち、利益は、Income（収益）によって増加し Expense（費用）によって減少します。利益の増減は資本を増減させるので、Income が増えると Equity も増加し、Expense が増えると Equity は減少します。

引き続き、White Consulting Ltd. の取引を例に見ていきましょう。

5月25日　Mr. Green より、当月のコンサルティング料として $3,000 を現金で受け取った。
①現金が $3,000 増えた。　⇒　資産が $3,000 増えた。
②収益が $3,000 増えた。　⇒　資本が $3,000 増えた。

Assets	= Liabilities + Equity
30,000 + 3,000 =	10,000 + 20,000 + 3,000

5月28日　オフィスの賃借料として、$1,250 を現金で支払った。
①現金が $1,250 減った。　⇒　資産が $1,250 減った。
②費用が $1,250 増えた。　⇒　資本が $1,250 減った。

Assets = Liabilities + Equity
33,000 − 1,250 = 10,000 + 23,000 − 1,250

これらの取引によって、White Consulting Ltd. の資産は $31,750、負債は $10,000、資本は $21,750 となりました。

これを表にまとめると、下記のようになります。

Assets $31,750	Liabilities $10,000
	Equity $21,750

ここで、利益についてもう少し考えてみましょう。収益から費用を引いたものを、Profit (利益) といいます。ただし、費用のほうが収益よりも多かった場合は、Loss (損失) となります。つまり、Profit は Equity を増やし、Loss は Equity を減らします。

利益がプラスの場合、上の式にあてはめると下記のようになります。

Income − Expense = Profit

Expense を移項します。

Income = Expense + Profit

左右を入れ替えます。

Expense + Profit = Income

これを Balance sheet と同じ表にすると、次のようになります。

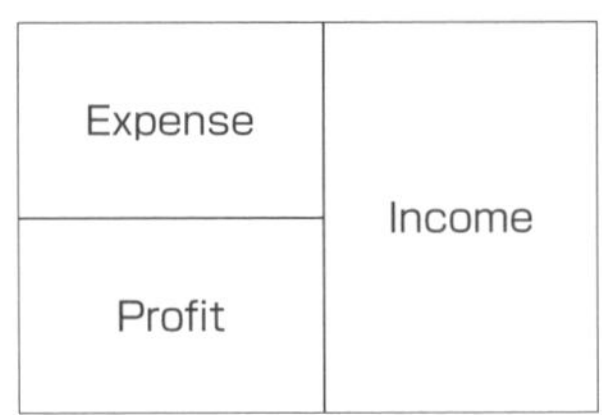

これがIncome Statement（損益計算書）の基本形です（詳しくはChapter 8で学びます）。

5月中の取引によって、White Consulting Ltd.のIncomeは$3,000、Expenseは$1,250なので、Profitは$1,750になります。

これを上の表の形にまとめると、次のようになります。

Expense $1,250	Income $3,000
Profit $1,750	

(4) Relationship between Balance Sheet and Income Statement（貸借対照表と損益計算書の関係）

Balance sheetは、一定時点のStock（ストック、蓄え）の情報です。つまり、ある一定時点において、会社がどのような資産を持っていて、その資産をどのように調達してきたのか、というFinancial position（財政状態）を表します。いわば、刻刻と変化する企業の財政状態のスナップショットと言えます。

一方、Income statementは、一定期間における財政状態の変動の情報です。つまり、一定期間にどのくらい費用を使って、どのくらいの収益を得たのか、という経営成績を表します。

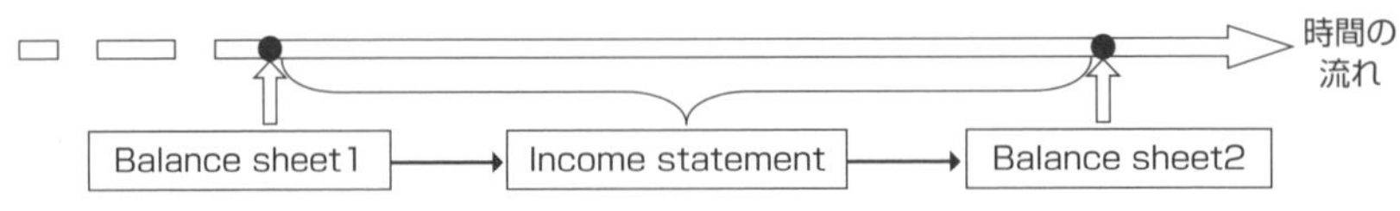

ある一定期間における会社の経営活動の成果は、Income statement に収益と費用として反映されます。その差額である Profit は、一定期間に会社が獲得した利益です。利益は、Balance sheet の Equity をその金額だけ増加させます。

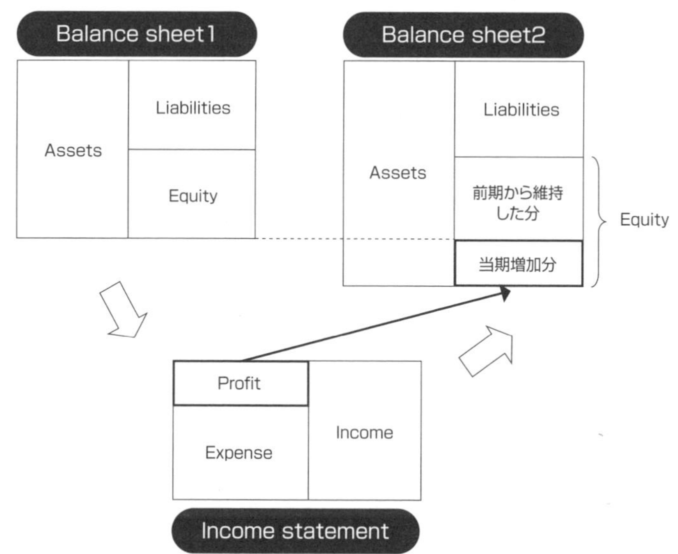

(5) Events and Transactions (出来事と取引)

White Consulting の例で考えてみましょう。5 月 25 日に、Mr. White は Mr. Green からコンサルティング料を受け取っています。例では示しませんでしたが、Mr. White と Mr. Green はコンサルティング契約を結んでいるとしましょう。

契約を結ぶことは White Consulting にとって重要な出来事です。とはいえ、契約を結んだだけでは、資産、負債、資本の状態は何も変わりません。よって、契約締結時には帳簿に記入しません。実際にコンサルティング業務を行って $3,000 の対価が発生した時にはじめて、会計上の出来事として帳簿に記入をします。

このように、帳簿に記入するのは資産、負債、資本に変動をもたらす出来事です。よって、盗難や火災による損失など一般的には取引とは言わないようなことでも、資産、負債、資本に変動をもたらす出来事は帳簿に記入します。

MEMO

企業の財政状態を表す計算書について、その内容や目的をより正確に表しているという理由から、Statement of financial position（財政状態計算書）という名称も使用されています。本テキストでは、複式簿記の基礎と仕組みを理解するという観点から、また、現時点ではより一般的な表現であることから、Balance sheet（貸借対照表）という名称を使用しています。

企業の経営成績を表す計算書については、Comprehensive income（包括利益）という考え方に基づいてStatement of profit or loss and other comprehensive income（純損益およびその他の包括利益計算書）という名称も使用されています。しかし包括利益は本テキストの学習範囲ではないため、使用していません。また、Statement of profit or loss（損益計算書）という名称もありますが、より一般的なIncome statement（損益計算書）という名称を、本テキストでは使用しています。

Chapter 1 Basic Concepts of Bookkeeping

1-2 Account (勘定)

(1) Account Title (勘定科目)

複式簿記は、会計等式によって成り立っています。とはいえ、実際の企業活動ではおびただしい数の取引が発生します。その全てを資産、負債、資本、収益、費用だけで表現するのは、現実的ではありません。そこで、それぞれの項目をさらに細分化したAccount(勘定)を使って、取引を記録します。すなわち、Accountとは、Assets、Liabilities、Equity、Income、Expensesを構成する最小単位になります。

＜勘定科目の例＞

Assets	Cash (現金) Accounts receivable (売掛金、未収金) Notes receivable (受取手形) Merchandise inventory (商品) Building (建物) Land (土地) など
Liabilities	Accounts payable (買掛金、未払金) Notes payable (支払手形) Loans payable (借入金) Accrued expense (未払費用) など
Equity	Share capital (資本金) Retained earnings (利益剰余金) など
Income	Sales (売上) Rent income (受取家賃) Interest income (受取利息) など
Expenses	Purchases (仕入) Cost of sales (売上原価) Salaries expense (給料) Advertising expense (広告宣伝費) など

各企業は、その実態に合わせて適切なAccount title (勘定科目) をつけます。したがって、Account titleの付け方、それに含まれる内容は、企業によって異なります。また、一般的な傾向として、大企業ほどAccount titleの数は多くなります。

(2) T-Account（T 勘定）

Account を記録する形態のうち、最も基本的なフォームとなるのは、T-account（T 勘定）と呼ばれるものです。単純に、その形がアルファベットの"T"に似ていることから、そのように呼ばれます。

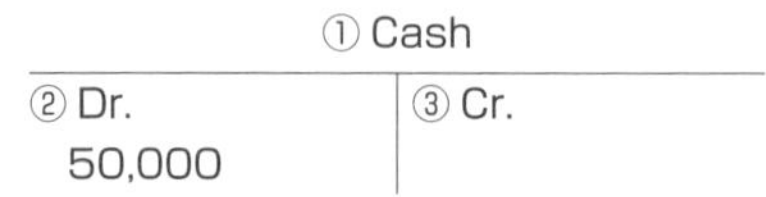

① Account title（勘定科目）

② Debit（借方） → T 字の左側のことを指し、金額を記入します。Dr. は Debit の略で、省略できます。

③ Credit（貸方） → T 字の右側のことを指し、金額を記入します。Cr. は Credit の略で、省略できます。

T 勘定に記入する金額には、プラスマイナスの記号はつきません。左か右（Debit か Credit）を選ぶことで、プラスマイナスを選ぶことになります。

金額が T 勘定の左側に記入された時、Debit（借方）に記帳された、と言います。右側に記入された時、Credit（貸方）に記帳された、と言います。また、次のような表現をすることもあります。

The account is debited.（Debit 側に記帳された。）
The account is credited.（Credit 側に記帳された。）

勘定が Debit されるのか、あるいは Credit されるのかは、その勘定が資産、負債、資本、収益、費用のいずれの構成要素かによって異なります。例えば、資産に属する勘定の場合、増える時は左側（Debit）で、減る時は右側（Credit）に記入されます。逆に、負債と資本に属する勘定の場合は、増える時に右側（Credit）、減る時に左側（Debit）に記入されます。

会計等式の表を思い出して下さい。資産は左側にあります。負債と資本は右側にあります。仕訳をする場合も、これと同じルールで行います。

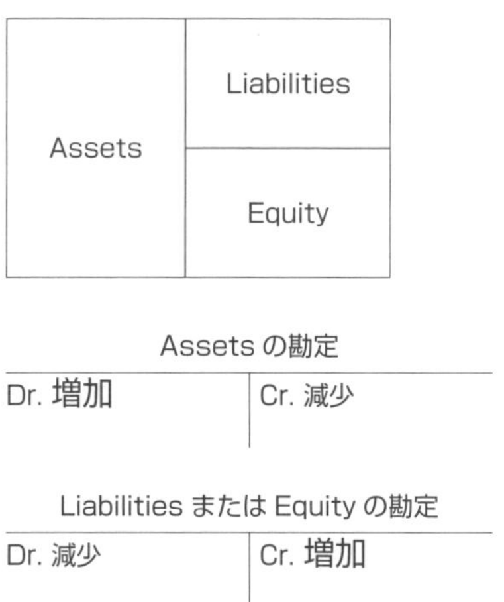

一方、収益の増加は資本の増加です。よって、増やす時には右側に記入し、減らす時には左側に記入します。逆に、費用の増加は資本の減少です。よって、増やす時には左側に記入し、減らす時には右側に記入します。

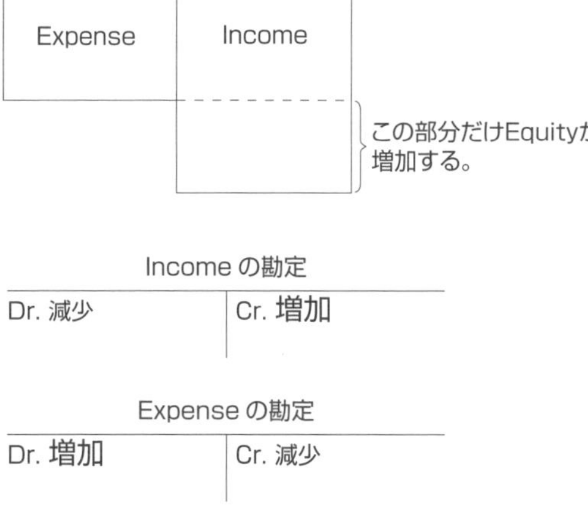

見方を変えて、Debitに記入するのはどのような場合か、あるいはCreditに記入するのはどのような場合かというのを、表にしたのが次の表です。

Debitに記入	Creditに記入
Assetsの増加	Assetsの減少
Liabilitiesの減少	Liabilitiesの増加
Equityの減少	Equityの増加
Incomeの減少	Incomeの増加
Expenseの増加	Expenseの減少

以上のようなルールに従って、取引の結果は勘定に記録されていきます。

Chapter 1 Basic Concepts of Bookkeeping

1-3 Double-Entry System and T-Accounts (複式簿記システムとＴ勘定)

(1) Transactions and T-Accounts (取引とＴ勘定)

それでは、Ｔ勘定を使って、一つの取引が資産、負債、資本、収益、費用の各勘定に対してどのような影響を及ぼすのかを、引き続き White Consulting Ltd. を例にして見ていきましょう。

① 5月3日　Mr. White は現金 $20,000 を出資して White Consulting Ltd. を設立した。

Cash (現金)

20,000	

Share capital (資本金)

	20,000

② 5月8日　金融機関から $10,000 借りた。

Cash (現金)

10,000	

Loans (借入金)

	10,000

③ 5月10日　オフィス家具を購入し、$12,000 を現金で支払った。

Cash（現金）
12,000
Furniture（家具）
12,000

④ 5月25日　Mr. Green より、当月のコンサルティング料 $3,000 を現金で受け取った。

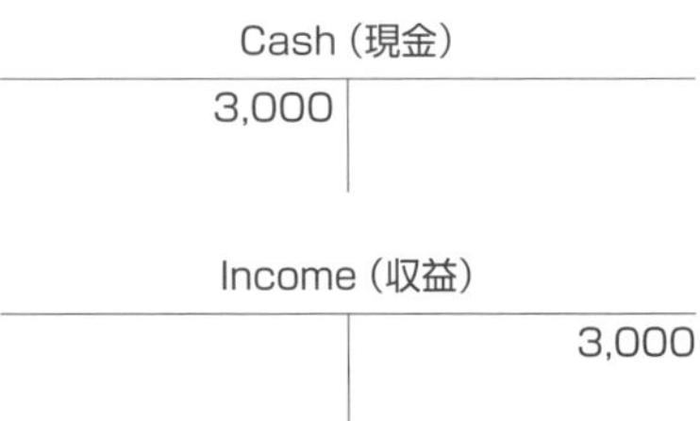

⑤ 5月28日　オフィスの賃借料として、$1,250 を現金で支払った。

Cash（現金）
1,250
Rent expense（賃借料）
1,250

MEMO

Cash は、「現金」と訳していますが、Cash on hand（手元現金）だけではなく Cash in bank（銀行預金）も含む用語です。

(2) Account Balance（勘定残高）

次に、T 勘定の中から現金に関連するものだけを抜き出して、Cash 勘定にまとめてみましょう。

Cash（現金）

5/3	20,000 ①	5/10	12,000 ③
5/8	10,000 ②	5/28	1,250 ⑤
5/25	3,000 ④		

残高を計算すると　左の合計 20,000 + 10,000 + 3,000 = $33,000
　　　　　　　　　右の合計 12,000 + 1,250 = $13,250

差額は 33,000 − 13,250 = $19,750
であり、これが、5 月 31 日現在における White Consulting Ltd. の現金残高になります。

この差額は、下表のように表します。

Cash（現金）

5/3	20,000	5/10	12,000
5/8	10,000	5/28	1,250
5/25	3,000		
5/31 bal.	19,750		

※bal. は Balance の略。

この差額の $19,750 を、Account balance（勘定残高）といいます。

Account balance とは、各勘定の借方合計金額と貸方合計金額の差額のことです。借方合計金額が貸方合計金額よりも多い場合は Debit balance（借方残高）と言います。逆に、貸方合計金額が借方合計金額よりも多い場合は Credit balance（貸方残高）と言います。上記の場合は、Cash balance が $19,750 の Debit balance である、という風に言います。

Chapter 1 Basic Concepts of Bookkeeping

1-4 Journal Entries (仕訳)

さて、前節では、取引を勘定に直接記録しましたが、実際は、まずJournal entry（もしくはJournalizing、仕訳）と言う作業を行ってから、勘定に記録します。White Consulting Ltd.を例に、具体的な仕訳を見ていきましょう。

5月3日　Mr. Whiteは現金$20,000を出資してWhite Consulting Ltd.を設立した。

上段がDebitになる。
金額には$をつける必要はない。
Dr. Cash 20,000
Cr. Share capital 20,000
下段がCreditになる。少し右側にずらして書く。
＊Dr.およびCr.の記号は省略可能。

その後の取引についても、仕訳を行ってみましょう。

5月 8日　金融機関から$10,000借りた。

Cash　10,000
　Loans　10,000

5月10日　オフィス家具を購入し、$12,000を現金で支払った。

Furniture　12,000
　Cash　12,000

5月25日　Mr. Greenより当月のコンサルティング料$3,000を現金で受け取った。

Cash　3,000
　Income　3,000

BATIC Bookkeeper & Accountant Level

5月28日　オフィスの賃借料として、$1,250を現金で支払った。

Rent expense	1,250	
Cash		1,250

なお、複数の勘定が借方、貸方（あるいは両方）にくる場合は、次のように表します。

例1）土地と建物を購入し、$500,000を現金で支払った。土地が$300,000、建物が$200,000であった。

Land	300,000	
Building	200,000	
Cash		500,000

例2）コンサルティング料の支払いとして、$10,000の現金と、$15,000の土地を受け取った。

Cash	10,000	
Land	15,000	
Income		25,000

以上のような時系列の記録を仕訳帳と言う帳簿で行い、その後に各勘定（元帳）への記録を行います。先に仕訳帳への記録を行うことで、個々の取引がどの勘定に仕訳されたかが分かります。また、取引を時系列で確認することもできます。

仕訳帳から元帳への流れについては、Chapter 3で詳しく学びます。

MEMO

複数の勘定が借方、貸方あるいは両方にくる場合の仕訳を、Compound journal entry（複合仕訳）と呼び、借方、貸方一つずつしかない仕訳を、Simple journal entry（単項仕訳）と呼びます。

Chapter 1 Basic Concepts of Bookkeeping

Summary（まとめ）

- □ 企業が行う日々の Transaction は、Double-entry bookkeeping によって Account に Journal entry される。[1-1, 2, 3, 4]
- □ Assets と Liabilities と Equity との関係は、Accounting equation によって表される。[1-1]
- □ Income から Expense を引くと、Profit になる。逆に言うと、Expense と Profit を足すと Income になる。[1-1]
- □ Account は、T-account で表される。T-account の左側を Debit、右側を Credit という。[1-2]

問 題

1．資産、負債、資本、これらを英語で言うとそれぞれ何になるか？

2．？＝Liabilities＋Equity

3．Income － Expense＝？

4．Assets の Account を2つあげよ。

5．T-account の左側を何と言うか？また、右側を何と言うか？

6．仕訳のことを英語で何というか？

解 答

1.（順に）Assets、Liabilities、Equity　2. Assets　3. Profit（Net income）または Loss　4. Cash, Land など（1-4 の表を参照）　5. 左側：Debit（借方）右側：Credit（貸方）　6. Journal entry（または Journalizing）

CHAPTER 2 ―取引と仕訳―

1ヶ月目 2ヶ月目 3ヶ月目

難易度レベル ★☆☆

Transactions and Journal Entries

Bookkeeping & Accounting Test for International Communication

BATIC

Chapter 2 Transactions and Journal Entries

2-1 Opening of Business and Financing (事業開始と資金調達)

この章では、仕訳について、実務に沿ったかたちで説明していきます。まずは、事業のスタート、会社の設立から見ていきましょう。

例1）株式会社を設立し、株主が $50,000 の現金を会社に出資し、会社は同額の普通株式を発行した。

Cash	50,000	
Share capital		50,000

例2）ある株主は、現金ではなく、$10,000 の Land（土地）を出資した。

Land	10,000	
Share capital		10,000

会社設立後、追加の出資を受けることがあります。その時も、上記のような仕訳を行います。

とはいえ、Finance（資金調達）の手段は株主資本に限りません。会社を経営していく間に、他人資本、簡単に言えば、借金で資金を調達する場合もあります。その場合は、以下のようになります。

例3）社債を発行し、$70,000 調達した。

Cash	70,000	
Bonds payable		70,000

例4）銀行から $4,000 借り入れた。

Cash	4,000	
Loans payable		4,000

MEMO

資本金をCapital stockと表す場合もあります。また、普通株式は、Ordinary share、または、Common stockといった呼ばれ方をします。

Chapter 2 Transactions and Journal Entries

2-2 Expenses (費用)

会社として活動するためには、いろいろとお金を使います。特に、Expense（費用）は、毎日必ずと言っていいほど発生します。

例1）ペン、ハサミなど、Office supplies（文房具）$25を現金で購入した。

Office supplies expense	25	
Cash		25

文房具などは金額が安く、個別に勘定を設定するには細かすぎるので、一つの勘定にまとめて処理します。

例2）水道光熱費 $45 を支払った。

Utilities expense	45	
Cash		45

例3）文房具を $200 分購入したが、代金は後払いにした。

購入時

Office supplies expense	200	
Accounts payable		200

支払時

Accounts payable	200	
Cash		200

例3のAccounts payableは、未払金のことです。Payableという単語は、支払う義務があることを意味します。例3の場合、購入時には文房具は既に手元にありますが、まだ代金を支払ってはいません。よって、Accounts payableという勘定を使って、代金を支払う義務を表します。支払時、現金を渡すことでその義務は消滅します。このとき支払の仕訳をすることで、Accounts payableは相殺されます。

この取引をT勘定で見ると、次のようになります。

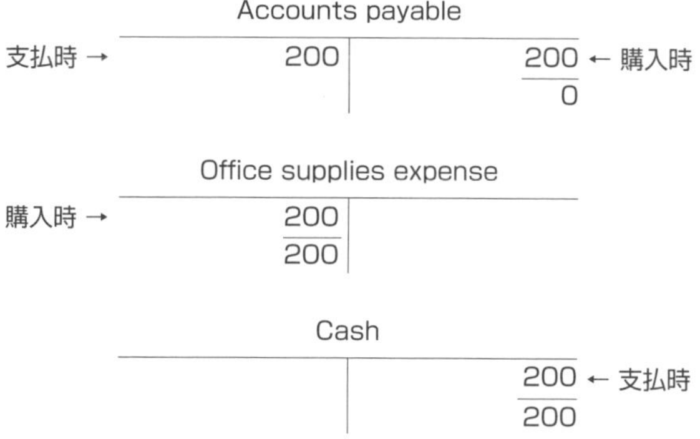

Expenseの勘定には、他にも次のようなものがあります。

- Communication expense（通信費）
- Income tax expense（法人税等）
- Insurance expense（保険料）
- Interest expense（支払利息）
- Rent expense（支払家賃）
- Travel expense（旅費交通費）

Chapter 2 Transactions and Journal Entries

2-3 Asset Purchase (資産購入)

事業をするには、いろいろな設備も必要になります。

例１）Equipment（備品）を現金 $1,000 で購入した。

Equipment	1,000	
Cash		1,000

例２）$5,000 の Machinery（機械装置）を購入して $1,000 を支払い、残りの代金を後払いにした。

購入時

Machinery	5,000	
Accounts payable		4,000
Cash		1,000

残金の支払時

Accounts payable	4,000	
Cash		4,000

2-2で見た費用の仕訳とよく似ています。どちらの場合も、モノと引き換えにして、お金を払っています。しかし、ここで注意すべき点があります。2-2で見た文房具などは費用として処理しましたが、例１の Equipment や例２の Machinery は資産です。つまり、これらを購入するということは、Cash という資産を Equipment や Machinery という別の資産に変えるだけです。

この場合の資産と費用の違いは、簡単に言うと使用期間の長さです。つまり、資産が将来にわたって長く使用できるものであるのに対して、費用はすぐに使ってしまうもの、ということができます。言い換えると、モノやサービスは、使った時に初めて費用となります。

また、前章でも説明しましたが［1-1 (3) 参照］、費用は資本を減らす要因となる一方で、資産は資本に影響を与えません。

〈費用を現金で支払った時〉

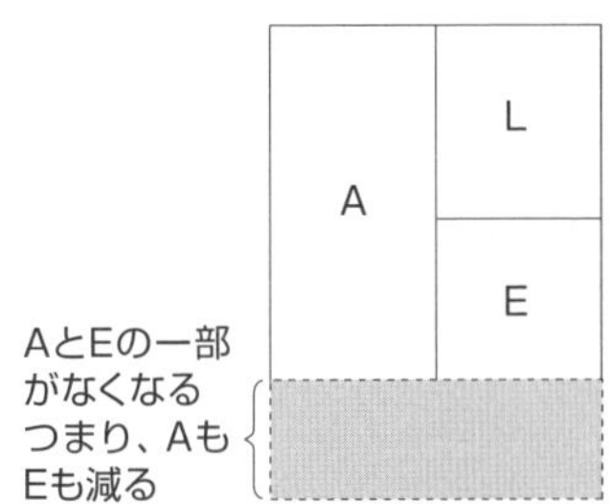
A
L
E
AとEの一部
がなくなる
つまり、Aも
Eも減る

〈資産を現金で購入した時〉

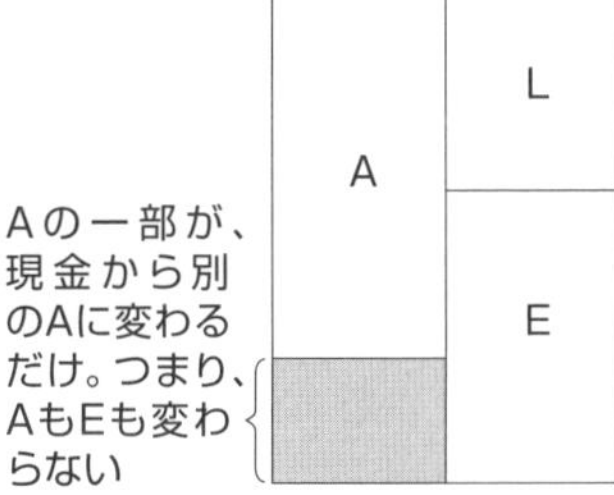
A
L
E
Aの一部が、
現金から別
のAに変わる
だけ。つまり、
AもEも変わ
らない

A：資産
L：負債
E：資本

資産の勘定には、以下のようなものがあります。

・Automobile（車両運搬具）
・Equipment（備品）
・Furniture（什器備品）
・Machinery（機械装置）
・Patent（特許権）
・Securities（有価証券）

MEMO

Equipmentはよく備品や設備などと訳されますが、非常に多くの意味を含んでいます。身近な装備・機材・用具から、機械装置、車両運搬具、オフィス機器、什器、工場設備などまで、Equipmentと表すことができます。

Chapter 2 Transactions and Journal Entries

2-4 Purchase Transaction (仕入取引)

Retailer（小売業）や Wholesaler（卸売業）などは、メーカーや他の業者から品物を仕入れて、それを販売します。Purchase transaction（仕入取引）とは、そういった販売するための品物を購入する取引のことを言います。したがって、Chapter 1で例にあげたようなコンサルティング会社、銀行といったサービス業の一部では、仕入取引はありません。また、不動産業者が販売用の土地を購入するのは仕入取引ですが、製造会社がオフィスや工場を建てるために土地を購入するのは、仕入取引ではなく、Asset purchase（資産購入）［2-3を参照］にあたります。

仕入取引で品物を購入した時は、Purchases（仕入）という勘定を使います。Purchases 勘定は、効率よく仕訳や計算を行うために用いられる便宜的な勘定科目です。期中の仕入れは全て Purchases 勘定に集められ、期末にまとめて処理されます。期末の処理については Chapter 6 で詳しく説明するので、ここでは購入時と現金支払時の仕訳方法だけを見ていきます。

現金で購入した場合

Purchases	XXX	
Cash		XXX

掛け（後払い）で購入した場合

Purchases	XXX	
Accounts payable		XXX

卸売業のような業界では、決まった Vender（仕入先）や取引先と繰り返し取引をします。小売業にしても、商品の仕入先を頻繁に変更するようなことはしません。そのような場合、取引のたびに現金払いをするよりも、後でまとめて支払った方が効率的です。ほとんどの企業で、そのような Purchase on account（掛け

仕入）が一般的です。

商品を掛けで購入した時は、Accounts payable を使います。2-2では、これを未払金という意味で使っていました。日本でこのような仕入取引にかかわる未払金を特に区別して買掛金と呼ぶように、英文簿記では、買掛金を Accounts payable－trade、それ以外の未払金を Accounts payable－other と表現します。

なお、明らかに区別する必要がある場合を除いて、本章以降では Accounts payable を買掛金の意味で用います。

例）Sunrise Bookstore は書店を経営している。1月中に、次のような仕入れを行った。

1月2日　商品 $150 を現金で仕入れた。

Purchases	150	
Cash		150

1月3日　Manhattan Book から、商品 $350 を掛けで仕入れた。

Purchases	350	
Accounts payable		350

1月10日　Black Co から、商品 $250 を掛けで仕入れた。

Purchases	250	
Accounts payable		250

1月15日　Manhattan Book に、買掛金 $350 を支払った。

Accounts payable	350	
Cash		350

MEMO

日本では、勘定科目名が明確に定められている場合がほとんどですが、欧米ではそれほど厳密ではありません。例えば、買掛金については、Accounts payable, Trade payable, Accounts payable—trade などのバリエーションがあります。

各 Account を T 勘定にまとめると、以下のようになります。

Cash

		Jan. 2	150
		Jan. 15	350

Accounts payable

Jan. 15	350	Jan. 3	350
		Jan. 10	250

Purchases

Jan. 2	150		
Jan. 3	350		
Jan. 10	250		

MEMO

本文中で紹介したPurchase on account（掛け仕入）に対して、Sales on account（掛け販売）という表現もあります。Accountという単語には、「勘定」という意味に加えて、このような「掛け勘定」という意味もあります。

Chapter 2 Transactions and Journal Entries

2-5 Purchase Returns and Allowances（仕入返品）

商品を仕入れた後、品質不良、数量不足、破損などを発見することがあります。そのような場合、仕入れた方は通常、商品を仕入先にReturn（返品）すると同時に、仕入先から返金や値引きを受けます。

これらを会計処理する場合、2つの方法が考えられます。直接Purchases勘定を減らす方法と、別の勘定を設ける方法です。

$5,000の現金仕入を行った。

	借方	貸方
Purchases	5,000	
Cash		5,000

破損していた商品を返品し、$300の返金を受けた。

方法1（直接Purchasesを減らす）

	借方	貸方
Cash	300	
Purchases		300

方法2（別の勘定を設ける）

	借方	貸方
Cash	300	
Purchase returns and allowances		300

方法1だと、仕入れた商品のうちどのくらい返品したのか、後から確認することができません。記録を残しておいて、商品管理に役立てるという意味では、方法2を用いる方が望ましいでしょう。また、返品が頻繁に発生するような場合も、やはり方法2の方が便利でしょう。

例）A 社は $3,000 の商品を掛けで仕入れたが、要求したものと異なる色のものが混ざっていたため、それらを返品して $40 の値引きを受けた。

仕入時

Purchases	3,000	
Accounts payable		3,000

値引時

Accounts payable	40	
Purchase returns and allowances		40

Chapter 2 Transactions and Journal Entries

2-6 Purchase Discounts (仕入割引)

掛け取引の場合は、代金の支払いに期限日があります。品物を購入した方は、その期限日が来るまでに代金を払えばよいことになります。その際、早く代金を支払ってもらいたい販売者が、期限日前の支払いに対して代金を減額することがあります。Purchase discounts（仕入割引）は、そういった場合に購入者が受ける現金割引のことを言います。

例）A 社は $200 の商品を掛けで仕入れた。30 日後に全額を支払う予定であるが、15 日以内に支払えば5％の割引を受ける契約を交わした。A 社は 10 日目に支払った。

仕入時

Purchases	200	
Accounts payable		200

支払時

Accounts payable	200	
Cash		190
Purchase discounts		10

なお、支払条件については、次のように省略して書かれる場合があります。

Terms：5/15, n/30

この場合、“n” は net の略で、n/30 で 30 日後に満期になることを意味します。

例）A 社は 20X0 年 3 月 1 日に $800 の商品を以下の条件で購入した。
Terms : 4/10, n/25

問 1　A 社が 3 月 10 日に支払う場合、いくら払えばよいか。
問 2　A 社が 3 月 12 日に支払う場合、いくら払えばよいか。

解答 1　$800（本来の支払額）− $800×4%（割引額）＝　$768
解答 2　割引条件の期日を過ぎているので、$800 を支払う。

MEMO

ここでは、仕入時に割引を考慮しないで全額を Purchases に計上していますが、仕入時に割引を控除した額を計上する方法もあります。

Chapter 2 Transactions and Journal Entries

2-7 Net purchases (純仕入)

仕入返品や仕入割引があると、事実上、仕入価格は下がります。これらを考慮した正味の仕入金額のことを、Net purchases（純仕入）と言います。

また、Purchase transaction（仕入取引）をする時には、商品自体の購入代金だけではなく、運送料や運送保険料などの費用（仕入諸掛）がかかることがあります。仕入の金額は、このような費用も含まれ、下のように計算されます。

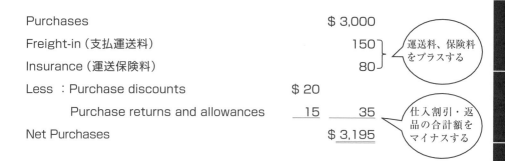

Purchases		$ 3,000	
Freight-in（支払運送料）		150	運送料、保険料をプラスする
Insurance（運送保険料）		80	
Less ：Purchase discounts	$ 20		
Purchase returns and allowances	15	35	仕入割引・返品の合計額をマイナスする
Net Purchases		$ 3,195	

例）商品を $4,000 仕入れた。支払った運送料は $100 で、Purchase discounts が $50、Purchase returns and allowances が $30、発生した。Net purchases はいくらか。

Net purchases = $4,000 + 100 − 50 − 30 = $4,020

MEMO

ここでは、仕入割引を仕入返品と同様に仕入の控除項目としていますが、営業外収益とするやり方もあります。

Chapter 2 Transactions and Journal Entries

2-8 Revenue and Sales Transaction (収益と販売取引)

Revenue（収益）とは、企業が通常の営業活動において受けとる対価の金額を指します。そして、Revenueの中でも、とりわけCustomer（顧客）にモノやサービスを提供して対価を得る行為を指して、Sales（売上）と言います。売上は、当該企業の本業で受けとる対価に限定されます。例えば、書店の場合、販売した本の対価は売上にあたりますが、Deposit（預金）から得られるInterest income（受取利息）は売上にはあたりません。

(1) Sales Transaction (販売取引)

販売取引の仕訳は以下のようになります。

現金で販売した場合

Cash	XXX	
Sales		XXX

掛け（後払い）で販売した場合

Accounts receivable	XXX	
Sales		XXX

仕入取引の場合に買掛金と未払金を区別したように、Accounts receivable—trade（売掛金）とAccounts receivable—other（未収金）を区別します。なお、明らかに区別する必要がある場合を除いて、本章以降では今後はAccounts receivableを売掛金の意味で用います。

例）Sunrise Bookstore は 1 月中に次のような販売を行った。

1 月 4 日　Cash で本を $700 売り上げた。

Cash	700	
Sales		700

1 月 8 日　Brooklyn High School に書籍を掛けで $400 販売した。

Accounts receivable	400	
Sales		400

1 月 12 日　Brooklyn High School より、$400 のうち $200 の入金があった。

Cash	200	
Accounts receivable		200

各勘定を T 勘定にまとめると、以下のようになります。

Cash

Jan. 4	700		
Jan. 12	200		

Sales

		Jan. 4	700
		Jan. 8	400

Accounts receivable

Jan. 8	400	Jan. 12	200

MEMO

Revenue は、Income のうち Sales のような企業が通常の活動を行うことで得られるものをいいます。一方、Revenue 以外の Income は、Gain（利得）といいます。つまり、Revenue と Gain の両方を含む Income は「広義の収益」、Revenue は「狭義の収益」を意味します。

(2) Revenue (収益)

前に説明しましたが､収益は売上よりも広い範囲の収入を意味します。そこで、売上以外の収益について、仕訳例を見てみましょう。

例）Sunrise bookstore は、以下の収益を得た。

定期預金の利息 $30 を受け取った。

Cash	30	
Interest income		30

他社に貸している倉庫の賃貸料 $1,000 を受け取った。

Cash	1,000	
Rent income		1,000

Chapter 2 Transactions and Journal Entries

2-9 Sales Returns and Allowances (売上返品)

2-5では、商品を仕入れた側での返品の仕訳を説明しました。ここでは、商品を販売した側の仕訳を説明します。

$5,000 の商品を販売した。

Cash	5,000	
Sales		5,000

商品が破損していたので、その分の $300 を返金した。

方法1

Sales	300	
Cash		300

方法2

Sales returns and allowances	300	
Cash		300

仕入の時と同様に、2の処理の方が望ましい方法です。

例）A 社は $3,000 の商品を掛けで販売したが、要求されたものと違う商品が混ざっていたので、$40 の値引きを行った。

販売時

Accounts receivable	3,000	
Sales		3,000

値引時

Sales returns and allowances	40	
Accounts receivable		40

Chapter 2 Transactions and Journal Entries

2-10 Sales Discounts (売上割引)

2-6の仕入割引と対照的に、販売側で行う売上割引の仕訳は次のようになります。

例）A社は$200の商品を掛けで販売した。支払期限は30日後だが、15日以内に支払った場合には5%の割引をおこなう契約を交わした。A社は8日目に代金を受け取った。

販売時

Accounts receivable	200	
Sales		200

受取時

Cash	190	
Sales discounts	10	
Accounts receivable		200

Net purchasesと同様に、Net sales（純売上）があります。Sales returns and allowancesとSales discountsを控除して計算します。

MEMO

仕入割引と同じように、売上時に割引を控除した額を計上する方法もあります。
また、売上割引は売上の控除項目ですが、営業外費用とする方法もあります。

値引きが発生した場合に、販売者から買い手に対してCredit memo（クレジット・メモ。Credit noteとも言う。）を発行する場合があります。これは、販売価格の減額を通知する伝票で、販売者が自分の売掛金勘定を減額し、そのことを買い手に連絡するという意味合いがあります。これを受け取った買い手は、買掛金を減少させます。日本でよく用いられる、「赤伝」処理と同じようなものです。

Chapter 2 Transactions and Journal Entries

2-11 Notes（手形）

Promissory notes（約束手形）とは、Maker（振出人）がPayee（受取人）に対して一定額の支払いを約束した証書のことです。すでにあるAccounts receivable（売掛金）の一部を必要に応じてNotes receivable（受取手形）に換えたり、金融機関から借入を行う際に金融機関に対して発行したりします。また、支払の手段として発行されることもあります。

なお、英国では、約束手形が商取引に用いられること自体あまりありません。

(1) Notes Receivable（受取手形）

手形を受取る側の処理は次のようになります。

例）Company AはCompany Bに$1,000の商品を掛けで売り、Company Bは60日後に支払うことを約束した。1ヵ月後、Company AがCompany Bに対して手形の発行を要求し、Company Bはこれを受け入れて手形を発行した。Company Bは期日通りにCompany Aに対して支払いを行った。一連の取引について、Company Aの仕訳を行いなさい。

販売時

Accounts receivable	1,000	
Sales		1,000

手形発行時

Notes receivable	1,000	
Accounts receivable		1,000

支払時

Cash	1,000	
Notes receivable		1,000

(2) Notes Payable（支払手形）

手形を発行する側の処理は次のようになります。

例）（1）の例における、Company B 側の仕訳を考えてみよう。

商品購入時

Purchases	1,000	
Accounts payable		1,000

手形発行時

Accounts payable	1,000	
Notes payable		1,000

支払時

Notes payable	1,000	
Cash		1,000

Chapter 2 Transactions and Journal Entries

2-12 Interest Bearing Notes (利子付手形)

銀行からお金を借りるとInterest (利息) が生じます。同じように、手形にも利息が生じます。2－11の説明では考慮していませんでしたが、欧米では、多くの場合、利息の支払いも手形の条件に含まれます。

(1) Notes Receivable (受取手形)

手形を受取る側の処理は次のようになります。

例) 2－11の例で、利率6%、30日後支払の条件がついていたとする。一連の取引について、Company Aの仕訳を行いなさい。なお、利息の計算は日割りで行う。その際、1年を360日とすること※。

販売時

Accounts receivable	1,000	
Sales		1,000

手形発行時

Notes receivable	1,000	
Accounts receivable		1,000

支払時

Cash	1,000	
Notes receivable		1,000
Cash	5*	
Interest income		5

(または

Cash	1,005	
Notes receivable		1,000
Interest income		5

)

＊ $1,000×6%×30日/360日＝$5

※ 本テキストでは、欧米の金融市場で用いられる Actual/360（分子が実際の日数で、分母が 360 日）という方法で、日割り利息の計算を行います。なお、分子の日数を計算する時には、開始日を入れないで、終了日までの日数を数えます。例えば 5 月 1 日から、同じ年の 7 月 1 日までであれば、61 日となります。

(2) Notes Payable（支払手形）

手形を発行する側の処理は次のようになります。

例）（1）の例における、Company B 側の仕訳を考えてみる。

商品購入時

Purchases	1,000	
Accounts payable		1,000

手形発行時

Accounts payable	1,000	
Notes payable		1,000

支払時

Notes payable	1,000	
Cash		1,000
Interest expense	5	
Cash		5

（または

Notes payable	1,000	
Interest expense	5	
Cash		1,005

）

MEMO

手形は利息の額を考慮した純額で計上しなければなりませんが、P50、51 の例のような顧客や仕入先との間で通常行われる取引において発生する、支払い期限が 1 年を超えない手形に関しては、額面の価額で計上するのが一般的です。

Chapter 2 Transactions and Journal Entries

Summary (まとめ)

CHECK 要点

- □ 株式会社の資金調達手段には、Shareの発行やBondの発行、銀行からの借入などがある。[2-1]
- □ 企業が営業活動をする為に購入するモノのうち、すぐに使ってしまうモノはExpenses、長い期間にわたって使い続けるモノはAssetsに分けて考える。[2-3]
- □ Purchase transactionにおいて、購入した品物を表す勘定のことをPurchases accountという。[2-4]
- □ Purchasesから、Purchase returns and allowancesやPurchase discountsを差し引いた金額を、Net purchasesという。[2-7]
- □ 企業が通常の活動をしていくことで得る収入のことを、Revenuesという。[2-8]
- □ Revenuesの中で、企業がその本来の仕事をすることで得る収入のことを、Salesという。[2-8]
- □ Salesから、Sales returns and allowancesやSales discountsを差し引いた金額を、Net salesという。[2-10]
- □ Notesとは、それを発行した側（Maker）が、それを受け取る側（Payee）に対して、一定額の支払いを約束した証書である。[2-11]

問題

1. 掛けで品物を仕入れることを、英語で何というか？
2. 返品のことを英語で何というか？
3. 割引のことを英語で何というか？
4. 買掛金を英語で何というか？
5. 売掛金を英語で何というか？
6. Z社は5月に$5,000の商品を仕入れ、仕入返品が$40、仕入割引が$20あった。この月のNet purchasesはいくらになるか？
7. X社は、7月に商品$8,000を売り上げ、その際、売上返品が$30、売上割引が$70あった。この月のNet salesを計算しなさい。

解 答

1. Purchase on account　2. Return　3. Discount
4. Accounts payable　5. Accounts receivable
6. \$5,000 − 40 − 20 = \$4,940　7. \$8,000 − 30 − 70 = \$7,900

CHAPTER 3 ー仕訳帳と元帳ー

難易度レベル ★★☆

Journal and Ledger

Bookkeeping & Accounting Test for International Communication

BATIC

Chapter 3 Journal and Ledger

3-1 Journal (仕訳帳)

資産・負債・資本に影響を及ぼす取引やその他の出来事が起きたら、まずその仕訳をJournal（仕訳帳）に記入します。仕訳帳への記入は、次のように行います。

20X0年1月1日に、株主が$20,000の現金を出資した。

Cash	20,000	
Share capital		20,000

仕訳帳への記入は次のようになります。

General Journal ⑦ J1

Date	Account and Explanation	③ P.R.	Debit	Credit
20X0	②			
① Jan. 1	Cash		④ 20,000	
	Share capital			⑤ 20,000
	⑥ (Invested in the business)			

① 取引が発生した日付を記入します。

② 借方の勘定科目を上の行に、貸方の勘定科目をその下の行に記入します。

③ P.R.は、Posting Reference（転記参照）の略です。Ledger（元帳）の勘定番号を記入します。転記［3-3参照］段階で記入するので、仕訳の段階では何も記入しません。

④ 借方の金額（上の取引の場合はCash）を記入します。

⑤ 貸方の金額（上の取引の場合はShare capital）を記入します。

⑥ 取引の簡単な説明を記入します。

⑦ ページ番号です。JはJournal、1はその1ページ目を意味します。

借方か貸方（もしくはその両方）に、複数の勘定科目を記入しなければいけない場合は、次のように記入します。

20X0 年 1 月 20 日、株主が $20,000 の土地と $5,000 の建物を出資した。

General Journal J1

Date	Account and Explanation	P.R.	Debit	Credit
Jan. 20	Land		20,000	
	Building		5,000	
	Share capital			25,000

例. 20X0 年 3 月、次のような取引が Green Corporation であった。

3月 1日　Mr. Green は文房具の卸売業を営むために、Green Corporation を設立した。$50,000 を出資し、会社は同額の株式を発行した。

Cash	50,000	
Share capital		50,000

3月 2日　倉庫兼事務所を $40,000 の現金で購入した。

Building	40,000	
Cash		40,000

3月 3日　自社で使用するために $2,000 のオフィス用品を現金で購入した。

Office supplies expense	2,000	
Cash		2,000

3月 4日　販売用の文房具 $3,500 を現金で購入した。

Purchases	3,500	
Cash		3,500

3月 15日　上記の文房具を $5,000 で Brown Ltd. に販売した。Brown Ltd. は $1,000 を現金で支払い、残額を掛けとした。

Cash	1,000	
Accounts receivable	4,000	
Sales		5,000

3月 25日　3 月分の光熱費、$120 を現金で支払った。

Utilities expense	120	
Cash		120

3月29日　15日販売の文房具に対して Brown Ltd. が支払いを行った。

Cash	4,000	
Accounts receivable		4,000

以上の取引を General Journal に表すと次のようになる。

General Journal　　J2

Date	Account and Explanation	P.R.	Debit	Credit
20X0				
Mar. 1	Cash		50,000	
	Share capital			50,000
2	Building		40,000	
	Cash			40,000
3	Office supplies expense		2,000	
	Cash			2,000
4	Purchases		3,500	
	Cash			3,500
15	Cash		1,000	
	Accounts receivable		4,000	
	Sales			5,000
25	Utilities expense		120	
	Cash			120
29	Cash		4,000	
	Accounts receivable			4,000

MEMO

上記のような基本的な形式の仕訳帳を、General journal（一般仕訳帳）といいます。ここでは一般仕訳帳に全ての取引を記録しましたが、入金、出金、売上、仕入といった何度も繰り返される同じ種類の取引を、それぞれ別の仕訳帳に記録する場合があります。その場合に使われる仕訳帳を、Special journal（特殊仕訳帳）といいます。

Chapter 3 Journal and Ledger

3-2 Ledger (元帳)

(1) Ledger (元帳)

次に、仕訳の内容をLedger(元帳)に記入します。元帳には、一企業の全ての勘定が集約されます。General ledger(総勘定元帳)とも呼ばれます。

元帳への記入は、次のように行います。

① Cash ② 101

Date	④ Explanation	P.R.	Debit	Credit	Balance
③ Jan. 1		⑤ J1	⑥ 20,000	⑦	⑧ 20,000

① 勘定科目を記入します。

② Account number(勘定番号)です[3-2 (2) 参照]。

③ 仕訳帳から日付を写します。

④ 仕訳帳に説明の記載があれば、ここに写します。

⑤ 仕訳帳のページ番号を記入します[3-1参照]。

⑥, ⑦ どちらか一方に、仕訳帳から金額を写します。

⑧ その時点での残高を記入します。

MEMO

Journal、Ledgerなど、会計記録をつけるものを総称して、Books(帳簿)といいます。もちろん、個々の物を指す時は単数でBookです。そして、Bookの係のことを、Bookkeeperと呼びます。

(2) Chart of Accounts (勘定科目表)

元帳の各勘定科目には、通常、資産の勘定から負債、資本、収益、費用の順番に番号 (account number 勘定番号) をつけます。この勘定番号と勘定科目の対応表を、Chart of accounts (勘定科目表) といいます。

Chart of Accounts 例

ASSETS		資産
101	Cash	現金
102	Accounts Receivable—Trade	売掛金
103	Accounts Receivable—Other	未収金
LIABILITIES		負債
201	Accounts Payable—Trade	買掛金
202	Accounts Payable—Other	未払金
203	Notes Payable	支払手形
EQUITY		資本
301	Share Capital	資本金
302	Retained Earnings	利益剰余金
INCOME		収益
401	Sales	売上
402	Rent Income	受取家賃
403	Interest Income	受取利息
EXPENSES		費用
501	Purchases	仕入
502	Cost of Sales	売上原価
503	Salaries Expense	給料

Chapter 3 Journal and Ledger

3-3 Posting (転記)

仕訳帳から元帳へ取引の内容を書き写すことを、Posting (転記) といいます。

20X0 年 1 月 5 日に、Black Ltd. から $6,000 の商品を掛けで仕入れた。

Purchases	6,000	
Accounts payable		6,000

この取引を仕訳帳から元帳へ転記してみましょう。

General Journal J1

Date	Accounts Titles and Explanation	P.R.	Debit	Credit
20X0				
Jan. 5	Purchases	501	③ 6,000	
	Accounts payable	201		6,000
	(From Black Ltd., payable in 30 days)			

General Ledger

Purchases 501

Date	Explanation	P.R.	Debit	Credit	Balance
20X0					
Jan. 5		J1	6,000	①	6,000

Accounts payable 201

Date	Explanation	P.R.	Debit	Credit	Balance
20X0					
Jan. 5	From Black Ltd., payable in 30 days	J1		6,000	② 6,000

① 借方の日付、仕訳帳のページ番号、金額を転記します。

② 貸方の日付、仕訳帳のページ番号、金額を転記します。

③ 勘定番号を仕訳帳に記入します。

勘定残高が通常と異なる場合（Cashが貸方残高、Accounts payableが借方残高になるなど）は、残高を括弧書きにするなどします。また、残高が借方と貸方に分かれている形式の元帳もあります。

どの顧客に対していくらの売掛金があるか、また、どの仕入先に対していくらの買掛金があるかといった情報を記録するため、総勘定元帳とは別に顧客や仕入先ごとの勘定元帳として、Subsidiary ledger（補助元帳）を作成する場合もあります。

MEMO

現在、ある程度規模が大きい会社では、会計ソフトウェアを使用して帳簿実務を行います。この場合、仕訳から転記にいたる手続きがソフトウェアによって自動化されます。そのため、繰り返し発生する通常の取引（特殊仕訳帳に記入する取引）については、仕訳や転記を行うことはありません。
例えば、売上の処理では、Invoice（請求書）の情報（日付、取引先、金額など）を入力すると、自動的に得意先勘定、売掛金勘定、売上勘定に転記されます。また、売掛金の入金があった場合には、入金画面で取引先やInvoice番号、金額の入力（または請求の消しこみ）を行うと、現金勘定と売掛金勘定に自動的に転記されます。
よって、ソフトウェアを用いれば、このチャプターで説明したような手入力で行う帳簿記入の手続きを知らなくても、実務をこなすことができます。
しかしながら、ソフトウェアが自動的に行っている作業は、このチャプターで説明したような仕組みが元になっています。業務に対する理解を深めたり、より高度な専門知識を身につけたりする上で、帳簿の仕組みは必須の知識となります。

Chapter 3 Journal and Ledger

Summary (まとめ)

CHECK 要点

- □ 取引をJournalに記入することを、Journal entry (Journalizing) という。[3-1]
- □ 一企業の全てのAccountsをまとめたものを、(General) Ledgerという。[3-2]
- □ JournalからLedgerに金額等を移すことを、Postingという。[3-3]

1．Assetsの勘定科目を3つあげなさい。

2．Liabilitiesの勘定科目を2つあげなさい。

3．Equityの勘定を1つあげなさい。

4．Expenseの勘定を2つあげなさい。

解答

1. Chapter 1-2 (1)、2-3、3-2 (2) を参照
2. Chapter 1-2 (1)、3-2 (2) を参照
3. Chapter 1-2 (1)、3-2 (2) を参照
4. Chapter 1-2 (1)、2-2、3-2 (2) を参照

CHAPTER 4 ―試算表―

1ヶ月目 2ヶ月目 3ヶ月目

難易度レベル ★☆☆

Trial Balance

Bookkeeping & Accounting Test for International Communication

BATIC

Chapter 4 Trial Balance

4-1 Trial Balance (試算表)

Chapter 3で見てきたように、期中に発生した全ての取引はまず仕訳帳に記帳され、そこで分解された取引要素は、その後、総勘定元帳上の各勘定に移し替えられます。Financial statements（財務諸表）は、この総勘定元帳を基にして作られます。よって、財務諸表を正しく作成するためには、総勘定元帳に記入された内容が正しいかどうか、事前に検証した方が確実です。そこで作成されるのが、Trial balance（試算表）です。

試算表とは、ある一定時点における総勘定元帳に記録されている各勘定残高を、一つの表にまとめたものです。この表の借方と貸方、それぞれの合計額を突き合わせることで、総勘定元帳の借方残高合計と貸方残高合計が一致しているかどうかを確認します。

試算表は一定期間ごと（例えば毎月作成される月計表など）に作成されます。その理由は、仕訳や転記の際に発生した誤りを、なるべく早い段階で検出して修正できるようにするためです。

また、期末の決算手続き時には、Adjusting entries（決算修正仕訳　Chapter 5）の後にAdjusted trial balance（修正後残高試算表［5-8］）、Closing entries（締切仕訳［7-2］）の後にPost-closing trial balance（締切後試算表［7-3］）といった試算表が作成されます。

(1) Preparation Steps of Trial Balance (試算表の作成手順)

試算表の作成は、下記のような手続きで行われます。

① 試算表の構成は、通常、勘定科目表［3-2参照］の番号順で作成されます。つまり、資産→負債→資本→収益→費用の順番で作成されます。

② 総勘定元帳にある全ての勘定科目名を記入し、それぞれについて作成時点での残高を記入していきます。借方・貸方の縦計は、同じ額でなければいけま

せん。

③ この段階で、各勘定科目について、貸借どちらかに残高が記入されているはずです。通常、資産および費用科目は借方に、負債・資本・収益科目は貸方に、残高が記入されます。

④ 上と逆になっているような場合は、何らかの誤りがある可能性が高いので、試算表作成後その内容を検証しなければなりません。

(2) Limitation of Trial Balance（試算表の限界）

総勘定元帳の正確性を検証するものとはいえ、試算表は万能ではありません。以下のような限界があります。

- 仕訳していない取引があっても、貸借が同額であれば残高が一致してしまう。
- 転記が二重に行われてしまっても、それを発見できない。
- 金額を記入する時に一部が相殺されても、その金額は明らかにならない。
- 間違った勘定科目に転記されていても、それを発見できない。

試算表は、ある程度まで、仕訳や転記の正確さを確かめることはできます。しかし、勘定科目や金額の正確性は保証されないのです。

例）20X0年3月31日時点のWin CompanyのAccountsは以下の通りだった。

Cash (1)	
Bal. 3,900	

Accounts Receivable (2)	
Bal. 3,400	

Notes Receivable (3)	
Bal. 1,600	

Furniture (4)	
Bal. 1,500	

Computer (5)	
Bal. 3,000	

Accounts Payable (6)	
	Bal. 1,500

Share Capital (7)	
	Bal. 5,000

Revenue (8)	
	Bal. 12,000

Salaries Expense (9)	
Bal. 2,500	

Rent Expense (10)	
Bal. 600	

Office Supplies Expense (11)	
Bal. 1,200	

General Expense (12)	
Bal. 800	

Trial balance は次のようになる。

Win Company
Trial Balance
March 31, 20X0

	Dr.	Cr.
1. Cash	$ 3,900	
2. Accounts receivable	3,400	
3. Notes receivable	1,600	
4. Furniture	1,500	
5. Computer	3,000	
6. Accounts payable		$ 1,500
7. Share capital		5,000
8. Revenue		12,000
9. Salaries expense	2,500	
10. Rent expense	600	
11. Office supplies expense	1,200	
12. General expense	800	
	$18,500	$18,500

MEMO

このような試算表を、残高試算表といいます。試算表には、残高試算表以外にも、各勘定の借方と貸方それぞれの合計をまとめた合計試算表や、残高試算表と合計試算表を両方表示する合計残高試算表というものがあります。日本ではこれらを区別して考えますが、英米では、試算表といえば一般的に残高試算表を指し、合計試算表や合計残高試算表が作成されることはありません。

Chapter 4 Trial Balance

Summary (まとめ)

CHECK 要点

- □ Trial balance は、General ledger に記入された内容の正確性を検証するために作成される。
- □ General ledger に間違いがなければ、Trial balance の借方合計額と貸方合計額は一致する。
- □ Trial balance では発見できない種類の誤りがある。

問題

試算表で発見できない誤りを、2つ以上あげなさい。

解答

- ・仕訳漏れがあっても、残高が一致していたら分からない。
- ・二重転記を発見できない。
- ・金額が相殺されていても分からない。
- ・科目が間違っていても分からない。

CHAPTER 5 ―決算修正仕訳―

1ヶ月目 2ヶ月目 3ヶ月目

難易度レベル ★★★

Adjusting Entries

Bookkeeping & Accounting Test for International Communication

BATIC

Chapter 5 Adjusting Entries

5-1 Accounting Period and Adjusting Entries (会計期間と決算修正仕訳)

Chapter 1の最初で述べたように、簿記とは財務諸表を作る為のツールです。そのうち、前回までは、定期的に繰り返される作業について、説明してきました。その集計結果が基本になるのは当然ですが、それだけでは財務諸表を作成することができません。

一定期間だけ営業して、その後解散することが決まっている企業があるとすれば、解散するのを待って収支の計算をしても何ら問題ありません。しかし、基本的に現在の企業は、永遠に継続することを前提にしています。これをGoing concern assumption（継続企業の公準）といいます［9-1参照］。この前提にもとづけば、収支を計算するのに解散を待つわけにはいきません。どこかで期間を決めなければなりません。この期間のことを、Accounting period（会計期間）と呼びます。日本では、4月1日～3月31日の一年間とする企業が多いのですが、欧米では、Calendar year（暦年、1月1日から12月31日まで）を採用する企業が過半数を占めています。

これから学ぶAdjusting entries（決算修正仕訳）とは、収益と費用を適正な会計期間に帰属させるために、期末にだけ行う仕訳です。上に述べたように、財務諸表は一年単位で作成されるため、このような作業が必要になります。

原則として、帳簿係は、会計上の出来事が発生すればそのたびに仕訳を行います。しかし、仕訳したものの中に翌期以降の費用や収益とすべきものがあれば、それを翌期につけかえる作業を行います。また、期中に仕訳を行わなかったものの、当期の費用、または収益とすべきものが明らかになれば、それを当期のものとして処理します。

以下に代表的な Adjusting entries を示します。

・Prepaid expense（前払費用）
・Unearned revenue（前受収益）
・Accrued expense（未払費用）
・Accrued revenue（未収収益）
・Depreciation expense（減価償却費）

Chapter 5 Adjusting Entries

5-2 Prepaid Expense (前払費用)

Prepaid expense（前払費用）とは、期末や月末時点で既に支払をすませているのにまだモノやサービスを受けていない、あるいは使用・消費していない場合に、それを資産として計上するものです。例えば、前払いの Rent（家賃）や Insurance（保険料）などがこれにあたります。

例）A社の会計年度は1月1日から12月31日である。A社は11月1日に1年分のオフィスの家賃$2,400を家主に現金で支払った。

ケース1：支払い時に全額費用計上した場合

支払い時

Rent expense	2,400	
Cash		2,400

期末

Prepaid rent expense	2,000	
Rent expense		2,000

$2,400×10/12＝$2,000

Rent expense と Prepaid rent expense は、共に借方になります。しかし、Rent expense は費用で、Prepaid rent expense は資産になります。11月1日に支払った$2,400のうち、今期の出費となるのは11月と12月の2カ月分、$400だけです。残りの$2,000は、来期にオフィスを使用できる権利を表します。よって、この分だけを費用から資産に振り替えるのです。

ケース２：支払い時に全額資産計上した場合

支払い時

Prepaid rent expense	2,400	
Cash		2,400

期末

Rent expense	400	
Prepaid rent expense		400

ケース1、2どちらのやり方でも結果は同じです。期末の時点では、Rent expenseが$400、Prepaid rent expenseが$2,000になります。

Office suppliesを購入して期中に全部使用しなかった場合も、同様の処理をします。

例）A社は今期$2,000のOffice suppliesを現金で購入したが、今期使用したのは$1,300分だけであった。

ケース１：支払い時に全額費用計上した場合

購入時

Office supplies expense	2,000	
Cash		2,000

期末

Office supplies	700	
Office supplies expense		700

ケース２：支払い時に全額資産計上した場合

購入時

Office supplies	2,000	
Cash		2,000

期末

Office supplies expense	1,300	
Office supplies		1,300

Chapter 5 Adjusting Entries

5-3 Unearned Revenue (前受収益)

Unearned revenue（前受収益）とは、既に代金を受け取っているのにまだモノやサービスを提供していない場合、それを負債として計上するものです。Prepaid expense と逆の仕訳になり、家賃や保険料を前もって受け取った場合などが、これにあたります。

例）A社の会計年度は1月1日から12月31日である。A社は11月1日、所有する建物を1年契約でB社に貸し出し、同日1年分の家賃 $7,200 を受け取った。

受取時

Cash	7,200	
Unearned rent income		7,200

期末

Unearned rent income	1,200	
Rent income		1,200

$7,200×2/12 = $1,200

Unearned rent income は負債です。11月1日に受け取った $7,200 は、一年間建物を貸し出さなければいけない、というA社の債務を表します。そこで、家賃を受け取った段階で $7,200 の負債を計上します。そして、期末に当期中の収益 $1,200 を計上します。

Chapter 5 Adjusting Entries

5-4 Accrued Expense（未払費用）

Accrued expense（未払費用）とは、期末や月末の時点で既にモノやサービスを受け取っているのにまだ支払を済ませていない場合に、それを費用として計上するものです。後払いの Rent（家賃）や、Interest（利息）などが、これにあたります。

例）A社の会計年度は1月1日から12月31日である。A社は7月1日にB社から$1,000,000を年利10%で借り入れた。利息は翌期6月30日に到来する満期日に支払われることになっている。

支払いは来期であるが、今期7月1日から12月31日分の利息は今期に属するので、期末にこの分の費用を追加する修正仕訳を行わなければならない。

Interest expense	50,000	
Interest payable		50,000

$1,000,000×10%×6/12＝$50,000

Interest payable は、負債です。この場合、1年間で総額$100,000（$1,000,000 × 10%）の利息に対して、7月1日から12月31日までの分が既に発生したと考えます。よって、その部分を未払いの費用として負債に計上します。掛け仕入によって発生する Accounts payable と同じ性質のものです。

Chapter 5 Adjusting Entries

5-5 Accrued Revenue (未収収益)

Accrued revenue (未収収益) とは、Accrued expense の正反対の立場になります。つまり、既にモノやサービスを提供しているのに、まだそれに対する代金をもらってない場合、収益を先に計上するものです。

例) B 社の会計年度は 1 月 1 日から 12 月 31 日である。B 社は 7 月 1 日に A 社に $1,000,000 を年利 10%で貸し付けた。利息は翌期 6 月 30 日に到来する満期日に支払われることになっている。

利息の受け取りは来期であるが、今期 7 月 1 日から 12 月 31 日分の利息は今期に属するので、期末にこの分の収益を計上する修正仕訳を行わなければならない。

	Debit	Credit
Interest receivable	50,000	
Interest income		50,000

$1,000,000×10%×6/12 = $50,000

Interest receivable は資産です。Accrued expense とは逆に、既に利息は発生しているのにまだそれを受け取っていないので、将来それを受け取る権利があることを表します。掛け販売での Accounts receivable と同じ性質のものです。

Chapter 5 Adjusting Entries

5-6 Reversing Entries (再振替仕訳)

Reversing Entries（再振替仕訳）とは、決算時に行った修正仕訳を、翌期首に元に戻すことです。これにより、期中の仕訳を簡便にすることができます。

例）5-5（未収収益）の例で、B社は、7月1日に年利10%で貸し付けた$1,000,000に対する未収利息について、12月31日に次のような修正仕訳を行っていた。

Interest receivable	50,000	
Interest income		50,000

この場合、1月1日（翌期首）に行う再振替仕訳は、次のようになる。

Interest income	50,000	
Interest receivable		50,000

その後、6月30日（満期日）に利息が支払われた時の仕訳は次のようになる。

Cash	100,000	
Interest income		100,000

$1,000,000×10%＝$100,000

満期日に受取利息として貸方に$100,000が計上されるが、1月1日に再振替仕訳で借方に$50,000が計上されている。よって、翌期の利息収益は$100,000 - $50,000 = $50,000となる。

一方、期首に再振替仕訳を行わなかった場合は、満期日の6月30日に次の仕訳を行う。

Cash	100,000	
Interest income		50,000
Interest receivable		50,000

再振替仕訳を行わなかった場合、前期末にどういう処理をしていたか、例では未収利息として $50,000 を計上していたことを確認する必要があります。しかし、期首に再振替仕訳を行っておくと、期中の処理は単純に受け取った金額と同額を受取利息として処理するだけです。そのため、たとえ前期末に修正仕訳が行われたことを知らずに通常の手続きを行っても問題がありません。また、修正仕訳を数多く行っても、期首にまとめてそれらを再振替しておくことで、期中にたびたび複合的な仕訳を行わなくてもよくなります。

ただし、再振替仕訳はあくまで追加的なステップであり、必ずしも行わなければならないわけではありません。

Chapter 5 Adjusting Entries

5-7 Depreciation (減価償却)

Assets purchase [2 - 3] のところで、長く使用できるものは費用ではなく資産として計上する、と説明しました。しかし、その資産も永遠に使い続けることはできません。機械の機能は使えば使うほど衰えますし、建物も時間が経てば老朽化します。その結果、何十年か後には、価値のないものになってしまいます。企業活動で使用する過程において、物理的または機能的な原因によって資産が役に立たなくなっていくことを、減価といいます。会計では、この減価を費用として認識します。

一方、上記とは別の見方もできます。機械を買ったり建物を建てたりした時、それに対して代金を払うことに関しては、資産と費用に違いはありません。ただ、資産の場合は使用期間が長い分だけ、支出が費用になるまでに時間がかかるだけです。よって、資産については、購入にかかった支出を使用期間に応じて費用として割り当てなければならない、とも考えることができます。

とはいえ、資産のどれくらいが費用になったのか、客観的に計算することは不可能です。そこで、実務においては、Depreciation (減価償却) という定められた方法を用いて、計画的かつ規則的に費用を配分することが義務付けられています。

> ***MEMO***
> 資産の中でも、土地は使用しても価値が減少しません。その価格は物価や市場の動きで変動しますが、単純に使うだけで価値が下がることはありません。したがって、通常、土地に対して減価償却は行いません。

(1) Three Elements of Depreciation (減価償却計算の 3 要素)

1. Acquisition cost (取得原価)	償却計算の基礎となるもので、固定資産を取得あるいは製作し、これを使用可能な状況にするまでに必要となった諸支出が含まれます。
2. Useful life (耐用年数)	固定資産が取得されてから廃棄されるまでの期間、つまり利用できると予想される期間。経済的寿命とも言われます。
3. Residual value (残存価額)	耐用年数の到来時における固定資産の処分額のこと。減価償却を実施するにあたって、あらかじめ見積られます。

本来であれば、購入による固定資産の取得の場合、購入代金のほかに運送費、関税、据付費などの付随費用を加えた額が、取得原価となります。これについては、Chapter 12で詳しく学ぶので、ここでは省略します。

MEMO
残存価額は、Salvage valueとも言います。

(2) Depreciation Methods（減価償却の方法）

主な減価償却方法には、以下のようなものがあります。

1) Straight-line method（定額法）

減価償却費 =（取得原価 − 残存価額）× 償却率

＊Depreciation rate（償却率）= 1 / 耐用年数

毎期一定の額をDepreciation expense（減価償却費）とする方法です。

2) Accelerated method（加速償却法）

減価償却費が耐用年数の最初に最も大きく、年数が経つに従ってだんだんと小さくなるような減価償却方法を、Accelerated method（加速償却法）と呼びます。

主に用いられる加速償却法は、Sum-of-the-years'-digits method（級数法）とDouble-declining-balance method（2倍定率法）です。

Sum-of-the-years'-digits method（級数法）

減価償却費 ＝（取得原価 － 残存価額）× 償却率

＊償却率

固定資産の耐用年数までの合計年数を分母として、各期首における残存耐用年数を分子としたものです。

耐用年数が５年とした場合は、以下のようになります。

分母＝１＋２＋３＋４＋５＝15

第１期の償却率＝ 5/15

第２期の償却率＝ 4/15

第３期の償却率＝ 3/15

第４期の償却率＝ 2/15

第５期の償却率＝ 1/15

減価償却費を求める式は定額法と同じですが、償却率が毎期減少します。最初のうちは減価償却費が大きくなりますが、徐々に減っていきます。

級数法の分母は、耐用年数 ×（耐用年数＋１）÷2 という式から求めることもできます。

Double-declining-balance method（２倍定率法）

減価償却費 ＝ 未償却残高 × 償却率

＊償却率＝定額法の償却率 × ２

毎期減っていく未償却残高に一定の償却率をかけて減価償却費を計算する方法を、Declining-balance method（定率法）といいます（Diminishing balance method ともいいます）。定率法の償却率はいくつかありますが、最も一般的なのが定額法の償却率を２倍したもので、この償却率を用いた減価償却方法を２倍定率法といいます。

2倍定率法において注意すべき点は、減価償却費を計算するために償却率をかけるのが、残存価額を含む未償却残高であるところです。1期目、つまり、資産を取得した期の未償却残高は取得原価と同じなので、取得原価に償却率をかけます。2期目は、取得原価から1期目の減価償却費を引いた価額に償却率をかけます。3期目は、取得原価から前2期分の減価償却費を引いた価額に償却率をかけます。このように、2倍定率法では、償却率をかける価額が毎年減っていくことになります。

3) Units-of-production method（生産高比例法）

減価償却費 ＝（取得原価 － 残存価額）× 当期生産高 ／ 予定総生産高

時間を基準にして減価償却費を配分する上記3つの方法とは異なり、この方法は、生産高を基準にして減価償却費を配分します。限られた固定資産にのみ適用されます。

(3) 各減価償却方法の特徴

次のグラフは、定額法、級数法、または2倍定率法について、時間の経過と減価償却費の関係を表したものです。定額法の減価償却費は毎期一定である一方、級数法や2倍定率法では徐々に減っていく様子がわかります。また、徐々に減っていくにしても、級数法は2倍定率法ほど減っていく様子が急激ではありません（生産高比例法に関しては、事例によってばらつきがあるので、ここでは省略しました）。

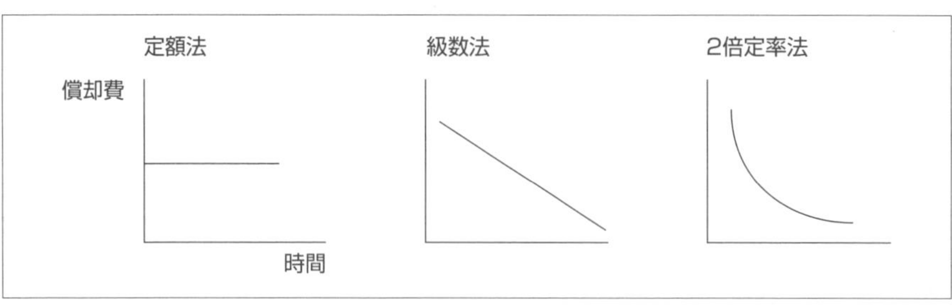

・定額法の特徴は、計算が簡単であることと、毎期一定額の償却費を計上することになる為、安定した会計処理が行えることにあります。

・級数法や２倍定率法は、減り方に違いはありますが、償却費が初期に大きく、耐用年数を経るにつれて徐々に減っていく点では同じです。そのため、この２つの方法は、技術の進歩や需要の変化が速かったり、時間の経過とともに性能が徐々に衰えていったりするような、早期に大半の取得原価を償却した方がよい資産に適しています。また、耐用年数の後半に多額の修繕費が見込まれる場合には、早い段階で償却費を計上しておくことで、固定資産に関する費用負担を各期間で平準化することができます。

例）以下の Building（建物）の減価償却費を求めなさい。

Acquisition cost	$200,000
Useful life	4 years
Residual value	$ 40,000

a. Straight-line method（定額法）

Depreciation expense = ($200,000 − 40,000) × 1 / 4 = $40,000

毎期 $40,000 が減価償却費として計上される。

b. Sum-of-the-years'-digits method（級数法）

耐用年数が４年なので、分母は１＋２＋３＋４＝10。よって、各期の減価償却費は以下のようになる。

第１期 ($200,000 − 40,000) × 4 / 10 = $64,000
第２期 ($200,000 − 40,000) × 3 / 10 = $48,000
第３期 ($200,000 − 40,000) × 2 / 10 = $32,000
第４期 ($200,000 − 40,000) × 1 / 10 = $16,000

c. Double-declining-balance method (2 倍定率法)

償却率 = 1 / 4 × 2 = 50%
したがって、各期の Depreciation expense は以下のようになる。

第 1 期　$200,000 × 50% = $100,000
第 2 期　($200,000 − 100,000) × 50% = $50,000
第 3 期　$10,000
第 4 期　$0

＊第 3 期の減価償却費は $50,000 × 50% = $25,000 とすると、簿価が残存価額を下回ってしまう。よって、第 3 期は $50,000 − 40,000 = $10,000 を減価償却費として計上する。また、第 4 期は $0 となる。

(4) Journal Entries for Depreciation (減価償却の仕訳)

減価償却費を計上する時の仕訳は以下のとおりです。

1) 間接法

	Dr	Cr
Depreciation expense	XXX	
Accumulated depreciation		XXX

2) 直接法

	Dr	Cr
Depreciation expense	XXX	
Assets		XXX

通常、有形固定資産には、間接法が用いられます。

MEMO

Accumulated depreciation (減価償却累計額) のような勘定を、Contra account (反対勘定) といいます。反対勘定はそれだけで存在することはなく、ある勘定を直接減額しないで間接的に金額を減らすため設けられる勘定科目です。したがって、Accumulated depreciation という勘定科目は、償却性のある有形固定資産があってはじめて存在します。

Chapter 5 Adjusting Entries

5-8 Adjusted Trial Balance (修正後残高試算表)

Adjusted trial balance（修正後残高試算表）は、5 - 1 ～ 5、7 で見てきたような、決算修正仕訳を加味した Trial balance（試算表）です。

例）B 社（12 月 31 日決算）の 20X0 年 12 月 31 日の決算修正前の各勘定残高は、以下のとおりであった。

	Dr.	Cr.
Cash	$ 2,500	
Accounts receivable	3,600	
Property, plant, and equipment	12,000	
Accounts payable		$ 2,500
Share capital		10,000
Sales		25,000
Advertising expense	5,500	
Interest expense	900	
Salaries expense	13,000	

また、決算修正に関して次のような事項があった。

・固定資産の減価償却費が $3,000 と計算された。
・掛け売上の計上不足が $300 あった。
・支払利息は 20X0 年 5 月 1 日に 1 年分の利息を前払いし、次のような仕訳を行っていた。

Interest expense	900	
Cash		900

必要な修正仕訳は以下の通りとなる。

Depreciation expense	3,000	
Accumulated depreciation		3,000
Accounts receivable	300	
Sales		300
Prepaid interest	300 *	
Interest expense		300

＊ 900×4/12 ヶ月＝ 300

したがって B 社の Adjusted trial balance は次のようになる。

B Company
Adjusted Trial Balance
December 31, 20X0

($)

Account Title	Trial Balance		Adjustments		Adjusted Trial Balance	
	Dr.	Cr.	Dr.	Cr.	Dr.	Cr.
Cash	2,500				2,500	
Accounts receivable	3,600		300		3,900	
Property, plant and equipment	12,000				12,000	
Accounts payable		2,500				2,500
Share capital		10,000				10,000
Sales		25,000		300		25,300
Advertising expense	5,500				5,500	
Interest expense	900			300	600	
Salaries expense	13,000				13,000	
Depreciation expense			3,000		3,000	
Accumulated depreciation				3,000		3,000
Prepaid interest			300		300	
	37,500	37,500	3,600	3,600	40,800	40,800

Chapter 5 Adjusting Entries

Summary (まとめ)

CHECK 要点

- □ 経営成績と財産状態を把握して報告するために、1年や半年といった単位で区切られた期間のことを、Accounting period という。[5-1]
- □ 収益と費用を適正な期間に反映させるために行う仕訳を、Adjusting entries という。[5-1]
- □ Prepaid expense や Accrued revenue は、資産として計上する。[5-2, 5]
- □ Unearned revenue や Accrued expense は、負債として計上する。[5-3, 4]
- □ Adjusting entries をその翌期首に元に戻す仕訳を、Reversing entries という[5-6]。
- □ 物理的・機能的原因で目減りした資産の価値を費用として計上することを、Depreciation という。[5-7]
- □ また、Depreciation とは、資産の購入額を使用期間にわたって費用として割り当てること、とも言える。[5-7]
- □ 減価償却費の計算に必要な要素は、Acquisition cost、Useful life、Residual value の3つである。[5-7]

題

1．10月1日に、W社はX社に事務所を貸し出し、年間の賃料として、$5,000の現金を受け取った。最初の年の報告すべき賃貸料はいくらか。W社の会計年度は、1月1日から12月31日までである。

2．会計年度を1月1日から12月31日までとするY社は、11月1日に銀行から$12,000借りた。元本の返済は3年後で、年利6％の支払いは毎年10月31日である。最初の年に報告すべき支払利息はいくらか。1年は360日と仮定する。

3．取得原価 $20,000、耐用年数5年、残存価額 $2,000 の期首に購入した機械について、定額法で年間の減価償却費を計算しなさい。

4．問題3の機械について、2倍定率法で第1期から第3期までの減価償却費を計算しなさい。

5．問題３の機械について、級数法で第１期から第３期までの減価償却費を計算しなさい。

解 答

1. $5,000 × 3/12ヵ月 = <u>$1,250</u>
2. $12,000 × 0.06 × 60/360日 = <u>$120</u>
3. ($20,000 − $2,000) × 1/5 = <u>$3,600</u>
4. １年目：$20,000 × 0.4 = <u>$8,000</u>
   ２年目：($20,000 − $8,000) × 0.4 = <u>$4,800</u>
   ３年目：($20,000 − $8,000 − $4,800) × 0.4 = <u>$2,880</u>
5. １年目：($20,000 − $2,000) × 5/15 = <u>$6,000</u>
   ２年目：($20,000 − $2,000) × 4/15 = <u>$4,800</u>
   ３年目：($20,000 − $2,000) × 3/15 = <u>$3,600</u>

CHAPTER 6　—棚卸資産と売上原価の会計処理—

Accounting for Inventory and Cost of Sales

Bookkeeping & Accounting Test for International Communication

BATIC

Chapter 6 Accounting for Inventory and Cost of Sales

6-1 Periodic Inventory System（棚卸計算法）

Chapter2-4 では、Purchases 勘定を用いた期中の仕入取引の説明をしました。この Purchases 勘定を用いる場合、期末に次のような処理を行います。

①商品の Stock count（実地棚卸）を行い、その時点で売れ残っていた販売用商品の Ending inventory（期末商品棚卸高）を計算します。

＊この Ending inventory は Inventory（棚卸資産）として資産計上され、翌期の Beginning inventory（期首商品棚卸高）になります。期中の仕入は Purchases 勘定に記録されるので、Inventory 勘定は期末まで変化しません。よって、期末には Beginning inventory が期首の金額のまま残っていることになります。

②Beginning inventory と Purchases 勘定の期末残高を合計し、その金額から Ending inventory を引いて、Cost of sales（売上原価：Cost of goods sold ともいう。）を計算します。

②の計算を行うことで、Purchases 勘定は、売上原価として当期の費用になります。ただし、仕入れた商品の売れ残りは、棚卸資産として翌期に持ち越されます。

このような売上原価の計算方法を、Periodic inventory system（棚卸計算法）といいます。

Periodic inventory system における Cost of sales の計算式

仕入取引では、返品が発生したり、割引を行ったりすることがあります。また、運送料や保険料などがかかることもあります［2-7参照］。これらを加味すると、Cost of sales は次のように計算されます。

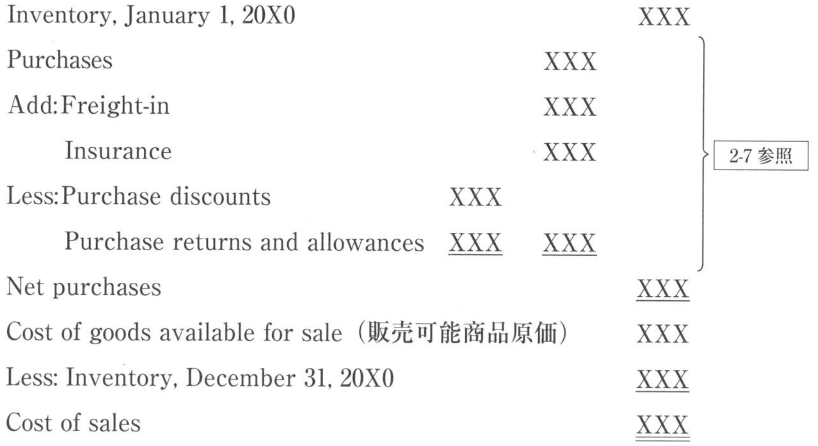

Inventory, January 1, 20X0			XXX
Purchases		XXX	
Add: Freight-in		XXX	
Insurance		XXX	
Less: Purchase discounts	XXX		
Purchase returns and allowances	XXX	XXX	
Net purchases			XXX
Cost of goods available for sale（販売可能商品原価）			XXX
Less: Inventory, December 31, 20X0			XXX
Cost of sales			XXX

帳簿上では、決算修正仕訳において Beginning inventory と Ending inventory の各残高を、そして、Closing entry（締切仕訳）において Purchases 勘定の残高を、Income summary（損益勘定）という勘定に振り替えます。Closing entries と Income summary については、7-2で詳しく学びます。

例）当期の Beginning inventory は＄2,000、Ending inventory は＄3,000、仕入高は＄9,000だった。

①決算修正仕訳

1．商品の Beginning inventory を Income summary に振り替える。

Income Summary	2,000	
Inventory		2,000

2．商品の Ending inventory を計上する。

Inventory	3,000	
Income Summary		3,000

②締切仕訳

Purchases 勘定の期末残高を Income summary に振り替える。

Income Summary	9,000	
Purchases		9,000

＊Income summary ではなく、Purchases 勘定を使って Inventory の仕訳を行う場合もあります。上記の例で考えると、次のような仕訳を行います。

①商品の Beginning inventory を Purchases に振り替える。

Purchases	2,000	
Inventory		2,000

②商品の Ending inventory を計上する。

Inventory	3,000	
Purchases		3,000

この場合は、Purchases 勘定を使って売上原価を計算することになり、図で表すと次のようになります。

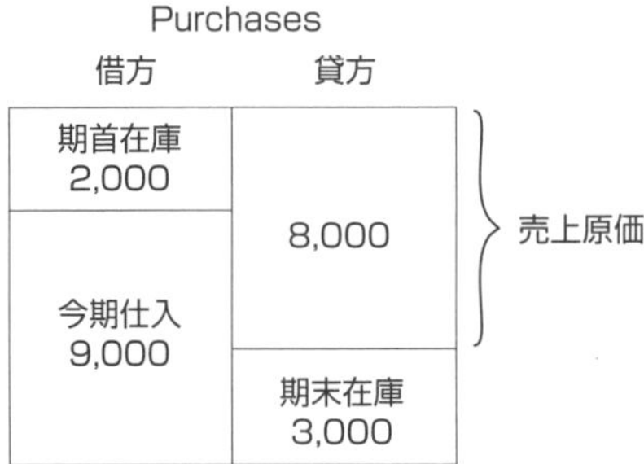

Chapter 6 Accounting for Inventory and Cost of Sales

6-2 Perpetual Inventory System (継続記録法)

Periodic inventory system に対して、Perpetual inventory system (継続記録法) という方法もあります。

この方法は、購入時に Purchases 勘定を使わず、直接に資産である Inventory 勘定を使います。販売された商品に対しては、販売のたびに、Inventory から Cost of sales に振り替えます。

例）商品を $500 で現金で仕入れた。この商品を $700 で現金販売した。

商品購入時

Inventory	500	
Cash		500

販売時

Cost of sales	500		Inventory から Cost of sales に振り替える
Inventory		500	
Cash	700		
Sales		700	

MEMO

Inventory (棚卸資産) について、特に商品の棚卸資産を指す場合は Merchandise inventory と言いますが、本テキストでは、特に断りのない限り Inventory は Merchandise inventory を意味します。

Chapter 6 Accounting for Inventory and Cost of Sales

6-3 Cost Formula（原価算定方式）

仕入取引では、多くの場合、同じ商品であっても仕入れるタイミングなどによって単価が異なります。数量が多くなると、実際の商品を単価ごとに分けて管理するのは難しいので、売上原価と期末の商品棚卸高を決めるために次のような計算方法を用います。

First-in, first-out method（FIFO；先入先出法）…先に仕入れた商品から先に販売すると仮定して計算します。棚卸計算法と継続記録法のどちらの場合でも使用できます。

Weighted-average method（総平均法）…期末に、一定期間に仕入れた商品の加重平均単価を計算します。棚卸計算法の場合に使用できます。なお、Weighted-average method を直訳すると加重平均法ですが、日本で一般的な総平均法という呼称を用いています。

Moving-average method（移動平均法）…商品を仕入れるたびに、加重平均単価を計算します。継続記録法の場合に使用できます。

MEMO

宝飾品や販売不動産といった個別性の高い商品の場合は、実際の商品一つ一つの仕入単価を管理して、その単価にもとづいて売上原価と期末の商品棚卸高を算定します（個別法）。

例）20X0 年 3 月、Kuss Corp. は商品 A について以下の取引を行った。

Date	Transaction	Units	Unit Cost
1	Beginning balance	2,000	$4
4	Sold	1,000	
13	Purchased	4,000	5
21	Sold	2,000	
29	Purchased	2,000	6

先入先出法・総平均法・移動平均法それぞれで計算した場合の 3 月の売上原価と月末商品棚卸高は、次のようになる。

<先入先出法（継続記録法の場合）>

	Received			Issued (Sold)			Balance		
Date	Units	Unit Cost	Total Cost	Units	Unit Cost	Total Cost	Units	Unit Cost	Total Cost
20X0 Mar. 1	2,000	$4.00	$8,000				2,000	$4.00	$8,000
4				1,000	$4.00	$4,000	1,000	$4.00	$4,000
13	4,000	$5.00	$20,000				1,000 4,000	$4.00 $5.00	$4,000 $20,000
21				1,000 1,000	$4.00 $5.00	$4,000 $5,000	3,000	$5.00	$15,000
29	2,000	$6.00	$12,000				3,000 2,000	$5.00 $6.00	$15,000 $12,000

売上原価：$4,000 + $4,000 + $5,000 = $13,000

月末商品棚卸高：$15,000 + $12,000 = $27,000

※ 棚卸計算法の場合、Issued と Balance の欄には数量のみ記録する。

※ 売上原価と月末商品棚卸高は棚卸計算法の場合でも同じになる。

<総平均法>

	Received			Issued (Sold)			Balance		
Date	Units	Unit Cost	Total Cost	Units	Unit Cost	Total Cost	Units	Unit Cost	Total Cost
20X0 Mar. 1	2,000	$4.00	$8,000				2,000	$4.00	$8,000
4				1,000	—	—	1,000	—	—
13	4,000	$5.00	$20,000				5,000	—	—
21				2,000	—	—	3,000	—	—
29	2,000	$6.00	$12,000				5,000	—	—

加重平均単価：($8,000 + $20,000 + $12,000) ÷ (2,000 + 4,000 + 2,000) = $5

売上原価：(1,000 + 2,000) ×$5 = $15,000

月末商品棚卸高：5,000×$5 = $25,000

<移動平均法>

	Received			Issued (Sold)			Balance		
Date	Units	Unit Cost	Total Cost	Units	Unit Cost	Total Cost	Units	Unit Cost	Total Cost
20X0 Mar. 1	2,000	$4.00	$8,000				2,000	$4.00	$8,000
4				1,000	$4.00	$4,000	1,000	$4.00	$4,000
13	4,000	$5.00	$20,000				5,000	$4.80	$24,000
21				2,000	$4.80	$9,600	3,000	$4.80	$14,400
29	2,000	$6.00	$12,000				5,000	$5.28	$26,400

加重平均単価：13日 ($4,000 + $20,000) ÷ (1,000 + 4,000) = $4.8
29日 ($14,400 + $12,000) ÷ (3,000 + 2,000) = $5.28

売上原価：$4,000 + $9,600 = $13,600

月末商品棚卸高：$26,400

Chapter 6 Accounting for Inventory and Cost of Sales

Summary (まとめ)

CHECK 要点

- □ Periodic inventory system では、期末に実地棚卸を行って Ending inventory を確認し、Beginning inventory と Purchases の合計からそれを引くことで、当期の売上原価を計算する。[6-1]
- □ Perpetual inventory system では、仕入をする時 Purchases account を使わずに、直接 Inventory account に記録する。[6-2]
- □ First-in, first-out method (FIFO) では、先に仕入れた商品から先に販売するという仮定のもとに、売上原価と期末棚卸残高を算定する。[6-3]
- □ Weighted-average method では、期末に計算する一会計期間に仕入れた商品の加重平均単価をもとに、売上原価と期末棚卸残高を算定する。[6-3]
- □ Moving-average method では、商品を仕入れるたびに計算しなおす加重平均単価をもとに、売上原価と期末棚卸残高を算定する。[6-3]

問 題

1．期首の商品棚卸高は $600 で、今期 $2,700 を仕入れ、期末の商品棚卸高が $400 あった。棚卸計算法による今期の売上原価を計算しなさい。

2．問題 1 の時、期末の棚卸で数え間違いがあり、実際の期末商品は $100 少ないことが判明した。この場合、売上原価はいくらになるか。

3．期首商品棚卸高 $500 ＋ 仕入 $\[　　\] － 期末商品棚卸高 $700 ＝ 売上原価 $2,500 の時、\[　　\]の中を計算しなさい。

解 答

1. $600 + 2,700 − 400 = <u>$2,900</u>　2. $600 + 2,700 − 300 = <u>$3,000</u>
3. $2,500 + 700 − 500 = <u>$2,700</u>

CHAPTER 7　—精算表と締切仕訳—

1ヶ月目 2ヶ月目 3ヶ月目

難易度レベル ★★★

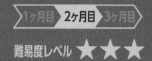

Worksheet and Closing Entries

Bookkeeping & Accounting Test for International Communication

BATIC

Chapter 7 Worksheet and Closing Entries

7-1 Worksheet (精算表)

Worksheet (精算表) を用いることで、貸借対照表と損益計算書を効率よく作成することができます。また、修正仕訳を含めた決算手続き全体を一覧することができるので、決算手続きの正確性を担保するのにも役立ちます。

※Worksheetには、Trial balance、Adjustment、Income statement、Balance sheetの各借方・貸方で構成された8桁精算表と、これにAdjusted trial balance［5-8参照］の借方・貸方欄を加えた、10桁試算表というものがあります。以下では、8桁精算表について説明します。

Worksheetの作成手順は以下のようになります。

1. 元帳にある各勘定科目の残高金額をTrial balanceの欄に記入します。
2. 修正仕訳をAdjustmentの欄に記入します。
3. Adjustment欄に記入した金額を加減算したTrial balance欄の項目の金額と、Adjustment欄に付け足した項目の金額を、Income statement欄とBalance sheet欄に振り分けます。ここで注意しなければならないのは、Income summaryの借方と貸方を、相殺せずにそのままIncome statement欄に移すことです。このようにすることで、Cost of salesの計算をIncome statementで行うことができます。
4. Income statement欄の借方と貸方それぞれの合計を計算し、貸借差額をProfitの項目に記入します。この時、貸方の方が大きい場合はProfitとなり、借方の方が大きい場合はLossとなります。
5. Income statement欄で計算した差額をBalance sheetに移します。差額がProfitの場合はEquityの増加となるので、Balance sheetの貸方に記入します。一方、差額がLossの場合はEquityの減少となるので、借方に記入します。

例）下記の Trial balance を前提として Worksheet を作成してみる。

XY Company
Trial Balance
December 31, 20X0

	Dr.	Cr.
Cash	$ 2,360	
Accounts receivable	2,400	
Inventory	400	
Marketable securities	460	
Equipment	15,000	
Accumulated depreciation		$ 2,890
Accounts payable		4,290
Income tax payable		520
Bonds payable		640
Share capital		4,000
Retained earnings		600
Sales		45,990
Purchases	23,400	
Salaries expense	6,500	
Travel expense	1,650	
Interest expense	6,510	
Income tax	250	
	$58,930	$58,930

期末修正事項：

① 期末商品の棚卸高は $500 である。

② 支払利息 $520 が来期分であることが判明した。

③ 期末において給与が $703 未払いであった。

④ 備品について減価償却費 $230 を計上する。

（Income tax には影響がないと仮定する。）

決算仕訳は次のように処理を進めていく。

Chapter 7

①期末商品の棚卸高は＄500である。

Income summaryの項目を新たに設け、Inventory勘定の期首残高を振り替えると同時に、期末商品棚卸高を計上する。

Income Summary(損益勘定)	400	
Inventory(棚卸資産)		400
Inventory(棚卸資産)	500	
Income Summary(損益勘定)		500

② 支払利息 $520 が来期分であることが判明した。

期中に支払った支払利息 $6,510 のうち $520 を資産勘定に振替える。

Prepaid interest(前払利息)	520	
Interest expense(支払利息)		520

③ 期末において給料が $703 未払いであった。

期中に給料を $6,500 計上しているが、$703 が不足していることが判明したのだから、$703 を追加的に費用勘定に加える。

Salaries expense(給料)	703	
Salaries payable(未払給料)		703

④ 備品について減価償却費 $230 を計上する。

備品についての今期の減価償却費が $230 と算定されたので、資産の費用配分手続きである減価償却費を計上する。

Depreciation expense (減価償却費)	230	
Accumulated depreciation (減価償却累計額)		230

したがって XY Company の Worksheet は次のように作成される。

XY Company
Worksheet
December 31, 20X0

Account Title	Trial Balance		Adjustments		Income Statement		Balance Sheet	
	Dr.	Cr.	Dr.	Cr.	Dr.	Cr.	Dr.	Cr.
Cash	2,360						2,360	
Accounts receivable	2,400						2,400	
Inventory	400		500	400			500	
Marketable securities	460						460	
Equipment	15,000						15,000	
Accumulated depreciation		2,890		230				3,120
Accounts payable		4,290						4,290
Income tax payable		520						520
Bonds payable		640						640
Share capital		4,000						4,000
Retained earnings		600						600
Sales		45,990				45,990		
Purchases	23,400				23,400			
Salaries expense	6,500		703		7,203			
Travel expense	1,650				1,650			
Interest expense	6,510			520	5,990			
Income tax	250				250			
	58,930	58,930						
Income summary			400	500	400	500		
Depreciation expense			230		230			
Prepaid interest			520				520	
Salaries payable				703				703
			2,353	2,353				
Profit					7,367			7,367
					46,490	46,490	21,240	21,240

→ 差額で Profit が計算される。

Profit は最終的に
Retained earnings に加算される。

Chapter 7 Worksheet and Closing Entries

7-2 Closing Entries (締切仕訳)

締切仕訳は、2つのステップで行います。まず、元帳にある収益・費用の各勘定について Income summary (損益勘定) への振替仕訳を行い、勘定残高をゼロにします。Chapter 6では、Inventory 勘定を Income summary に振り替える仕訳の説明をしましたが、これ以外の資産・負債の勘定については、Income summary で残高を調整することはありません。

1つめのステップが完了すると、通常、Income summary の貸方に収益の勘定残高が、借方に費用の勘定残高が集まります。これにより、Income summary の残高は、収益－費用、つまり Profit (当期純利益) (※ 損失が出た場合は純損失) を表すことになります。そこで、2つめのステップでは、Income summary を締め切って、その残高、すなわち Profit を Retained earnings (利益剰余金) 勘定に振り替えます。

例) 以下の Accounts を使って Closing を行ってみよう。

Closing 前の状態

Share capital	
	bal. 500

Retained earnings	
	bal. 500

← Beginning balance (期首残高)

Salaries expense	
bal. 2,000	

Rent expense	
bal. 1,000	

Accounts receivable	
bal. 1,000	

Interest expense	
bal. 500	

Revenue	
	bal. 5,500

Accounts payable	
	bal. 800

Office supplies expense	
bal. 800	

Cash	
bal. 2,000	

※bal. は Account balance (勘定残高) であることを示す。

〈ステップ1〉

収益、費用の各勘定を全て閉じ、Income summary の勘定に振替える。

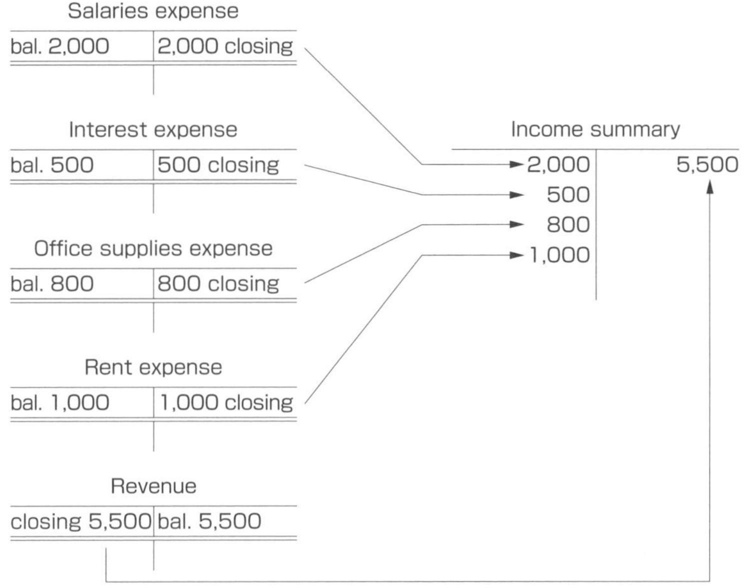

〈ステップ2〉

Income summary を締め切り、Retained earnings に振替える。

Income summary

2,000	5,500
500	
800	
1,000	
closing 1,200	

Retaind earnings

	500
	1,200
	1,700

Chapter 7 Worksheet and Closing Entries

7-3 Post-Closing Trial Balance（締切後試算表）

損益勘定を締めきって利益剰余金に振替えると、貸借対照表項目（資産、負債、資本）が残ります。これらの項目については、損益勘定締切り後、貸借が一致していることを確かめるために再び試算表を作成します。この貸借対照表科目だけで作成される試算表のことを、Post-closing trial balance（締切後試算表）と言います。

例）7-2の例によりPost-closing trial balanceを作成すると以下のようになる。

A Company
Post-Closing Trial Balance
December 31, 20X0

	Dr.	Cr.
Cash	$2,000	
Accounts receivable	1,000	
Accounts payable		$800
Share capital		500
Retained earnings		1,700
	$3,000	$3,000

Chapter 7 Worksheet and Closing Entries

7-4 Accounting Cycle（会計サイクル）

会計業務は、取引や出来事を認識・測定することに始まり、仕訳帳や勘定元帳といった帳簿への記録を経て、財務諸表の作成と帳簿の締め切りに終わる一連の手続きです。この手続きが一巡することで一つの会計期間は終了し、翌期に同様のサイクルを繰り返すことになります。

ここで、実務における会計サイクルを確認してみましょう。

①会計上の取引やその他の出来事を認識・測定する。
②仕訳帳に記入する。
③元帳に転記する。
④一定期間ごと（一般的に月次）に、元帳の残高から試算表を作成し、元帳記入の正確性を検証する。
⑤会計期末に、必要な決算修正仕訳を伴った精算表を作成する。
⑥精算表から財務諸表を作成する。
⑦決算修正仕訳を仕訳帳に行い、元帳に転記する。
⑧締切仕訳を行う。
⑨締切後試算表を作成する。

実務においては、精算表から財務諸表を作成します。決算修正仕訳と締切仕訳については、その後時間的にゆとりができてから、一般仕訳帳での仕訳と勘定元帳への転記を行います。

精算表は、仕訳帳や勘定元帳のような正式な帳簿ではないので、必ず作成しなければいけないわけではありません。そのため、会計サイクルにおいてはあくまで付加的なステップという位置づけですが、実務上はサイクルに組み込まれたかたちになっています。このような順序をとることで、財務諸表の作成を効率的にし、正確性を確認した上で決算手続きの帳簿記入を行うことができます。

会計サイクルの概念図

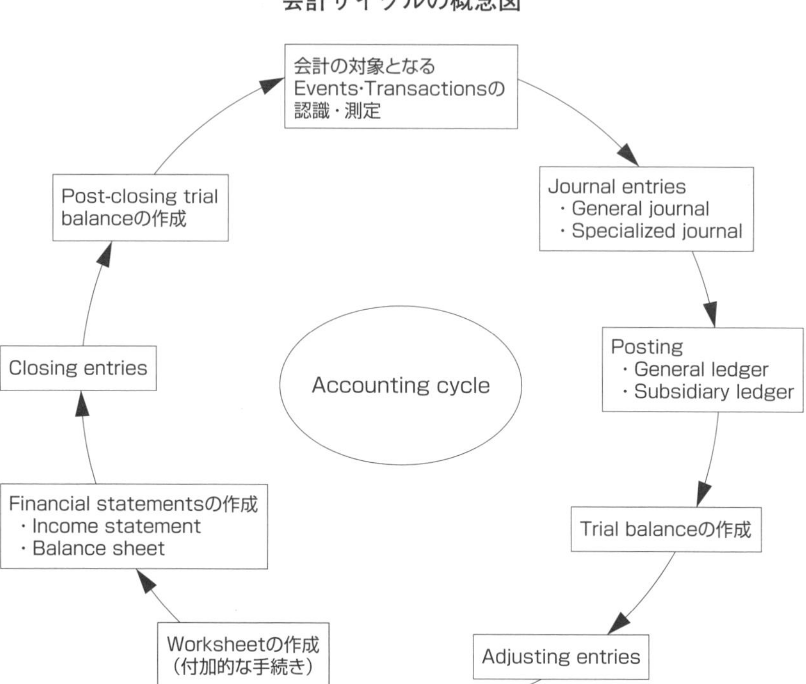
会計の対象となる
Events·Transactionsの
認識・測定
Journal entries
・General journal
・Specialized journal
Posting
・General ledger
・Subsidiary ledger
Trial balanceの作成
Adjusting entries
Worksheetの作成
(付加的な手続き)
Financial statementsの作成
・Income statement
・Balance sheet
Closing entries
Post-closing trial
balanceの作成
Accounting cycle

Chapter 7 Worksheet and Closing Entries

Summary (まとめ)

CHECK 要点

- □ Worksheetは、Income statementとBalance sheetの作成を効率よく行うために作られる。[7-1]
- □ 期末に収益・費用の勘定を締めきって、残高をIncome summaryに振り替えることを、Closing entryという。[7-2]
- □ Closing entryによって、収益・費用の勘定残高は、ゼロになる。[7-2]
- □ Income summaryの締切後、貸借対照表科目の貸借が一致していることを確認するために作成するTrial balanceのことを、Post-closing trial balanceという。[7-3]
- □ 取引や出来事の認識から始まって、財務諸表の作成に繋がる一連の手続きのことを、Accounting cycleという。[7-4]

1．損益勘定を英語で何というか。

2．期末時点で、Salesが$100,000、Salaries expenseが$30,000、Rent expenseが$40,000、Cashが$20,000あった。損益勘定の残高はいくらになるか。

3．締切後試算表を英語で何というか。

解答

1. Income summary　2. $100,000 − 30,000 − 40,000 = <u>$30,000</u>
3. Post-closing trial balance

Chapter 7

CHAPTER 8 ―財務諸表―

1ヶ月目 2ヶ月目 **3ヶ月目**

難易度レベル ★★☆

Financial Statements

Bookkeeping & Accounting Test for International Communication

BATIC

Chapter 8 Financial Statements

8-1 Income Statement (損益計算書)

Income statement (損益計算書) の作成目的は、一定期間における企業の Result of operation (経営成績) を明らかにすることです。つまり、一定期間にいくら稼いだのか、あるいは損をしたのか、また、利益もしくは損失の内訳はどのようになっているのか、ということを示すために作成されます。

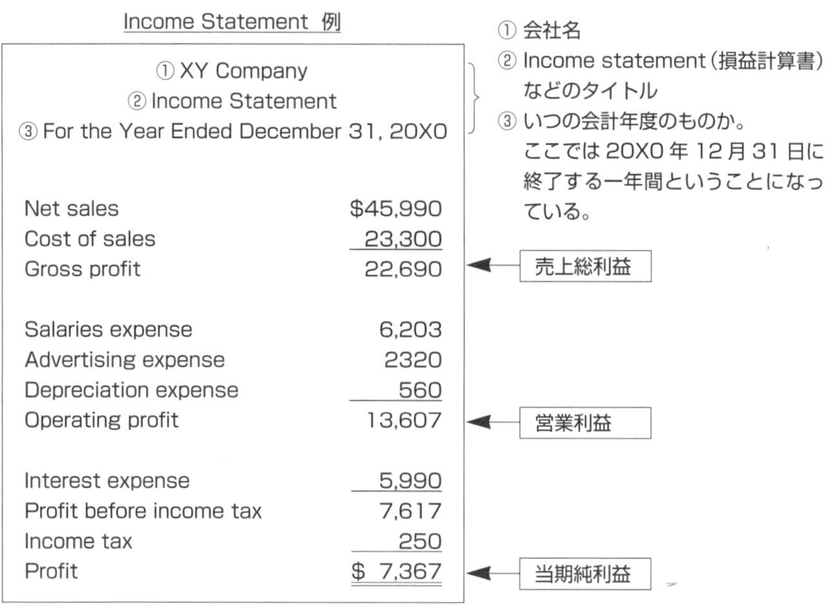
Income Statement 例

① XY Company ② Income Statement ③ For the Year Ended December 31, 20X0	
Net sales	$45,990
Cost of sales	23,300
Gross profit	22,690
Salaries expense	6,203
Advertising expense	2320
Depreciation expense	560
Operating profit	13,607
Interest expense	5,990
Profit before income tax	7,617
Income tax	250
Profit	$ 7,367

① 会社名
② Income statement (損益計算書) などのタイトル
③ いつの会計年度のものか。ここでは 20X0 年 12 月 31 日に終了する一年間ということになっている。
売上総利益
営業利益
当期純利益

MEMO

損益計算書は、P/Lと呼ばれることもあります。P/LはProfit and loss statementの略で、これも損益計算書と訳されます。このほか、Profit and loss account、Statement of operations と呼ばれることもあります。
(計算書の名称については、P18 の MEMO も参照。)

Chapter 2で解説したSales returns and allowances（売上返品）、Sales discounts（売上割引）が、損益計算書に登場することはありません。通常は、これらをSales（売上高）から控除して、Net sales（純売上高）として表示します。なお、表示がSalesとなっていても、金額は純額です。

Purchasesも、売上同様に純額で表されます。すなわち、Purchase returns and allowances, Purchase discountsを控除した額でCost of sales（売上原価）として表されます。また、商品の代金だけではなく、運賃などの手数料も含めて計算しなければなりません。

Net salesからCost of salesを引いたものを、Gross profit（売上総利益）といいます。

給料、広告費、減価償却費のような会社が事業を営むのにかかった主な費用は、まとめてSelling, general and administrative expenses（販売費および一般管理費（販管費））と呼ばれます。販売費をDistribution costs、管理費をAdministrative expenseと区別することもあります。

Gross profitに、販売費および一般管理費と、金融収益・費用以外の項目を足し引きしたものを、Operating profit（営業利益）といいます。

Interest expense（支払利息）は、Operating profitのあとに表示します。Interest income（受取利息）、Dividend income（受取配当金）も同様です。

Operating profitからInterest expenseなどを考慮し、更に税金などを加味して、Profit（当期純利益：Profit for the year, Net incomeとも言う）が算出されます。

Chapter 8 Financial Statements

8-2 Balance Sheet (貸借対照表)

Balance sheet (貸借対照表) とは、一時点における企業の Financial position (財政状態) を示すものです。一時点とは、通常、会計期間の終了時点、つまり、決算日のことです。

貸借対照表の借方側には Assets (資産) が表示されます。一方の貸方側には、その元手となる Liabilities (負債) と Equity (資本) が表示されます。このことからもわかるように、貸借対照表は、財産の明細表と言うこともできます。

なお、貸借対照表の表示形式は2つあります。下左図のように、上部に Assets、下部に Liabilities と Equity を並べた形式を、Report form (報告式) と呼びます。下右図のような、左側に Assets、右側に Liabilities と Equity を T-Account のように並べた形式を、Account form (勘定式) と呼びます。

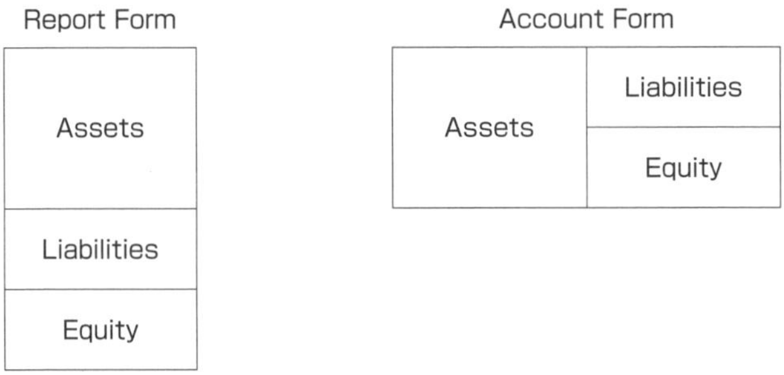

Report Form

Assets
Liabilities
Equity

Account Form

Assets	Liabilities
	Equity

MEMO

Balance sheet を略して、B/S と呼びます。
(計算書の名称については、P18 の MEMO も参照。)

Balance Sheet 例

① XY Company ② Balance Sheet ③ As of December 31, 20X0	
Assets	
Current assets:	
Cash	$2,360
Marketable securities	460
Accounts receivable	2,400
Inventory	500
Prepaid interest	520
Total current assets	6,240
Non-current assets:	
Equipment	15,000
Less accumulated depreciation	(3,120)
Total property, plant and equipment	11,880
Total assets	$18,120
Liabilities and Equity	
Current liabilities:	
Accounts payable	$4,290
Salaries payable	703
Income tax payable	520
Total current liabilities	5,513
Non-current liabilities:	
Bonds payable	640
Total liabilities	6,153
Equity:	
Share capital	4,000
Retained earnings	7,967
Total Equity	11,967
Total liabilities and equity	$18,120

①②③は Income statement とほぼ同様だが、③に気をつけよう。As of は（20X0 年 12 月 31 日）時点のという意味になる。※As at とする場合もあります。

Current assets: → 流動資産

Non-current assets: → 固定資産

減価償却累計額（5-7 参照）はこのように表示する。

Current liabilities: → 流動負債

Non-current liabilities: → 固定負債

Share capital, Retained earnings の順にならべる。

Total assets の額と必ず等しくなる。

Assets（資産）の代表的な区分は、Current assets（流動資産）とNon-current assets（固定資産）です。Liabilitiesにも、CurrentとNon-currentの区分があります。CurrentとNon-currentを分ける基準は、One-year rule（１年基準）または、Normal operating cycle rule（正常営業循環基準）によって決まります。

１年基準では、１年以内に資金が回収される予定のものか、あるいは支払期限に到達するものをCurrentに分類します。正常営業循環基準では、会社の本業として繰り返し行われる営業サイクルの過程で発生するAccounts receivableやAccounts payableなどの勘定を、Currentに分類します。営業サイクルとは、仕入から売上、そして売上代金の回収までの一連の活動を意味します。一般的にこのようなサイクルが１年を超えるような長期になることはないので、ここに含まれるものも、Currentに分類するのです。

Current assetsには、流動性の高い資産、すなわち現金や早期に現金化するCash, Accounts receivable, Inventoryなどが含まれます。

Non-current assetsには、上記以外の資産が含まれます。代表的なものには、Property, plant and equipment（PPE、有形固定資産）があります。PPEは、土地、設備、建物など、企業が長期にわたって使用する資産が含まれます。

Non-current assetsを先に、Current assetsを後に表示することもあります。

Current liabilities（流動負債）には、流動的な負債が計上されます。つまり、支払が早期にやってくる負債です。Accounts payableや、Salaries payableなどが含まれます。

Non-current liabilities（固定負債）の区分には、長期の負債が計上されます。長期の負債とは、Bonds payable（社債）やLoans payable（借入金）など、返済期間が１年以上になるものです。よって、返済期間が１年未満になれば、その区分を流動負債に変えることになります。

Assetsと同様に、Non-current liabilitiesを先に、Current liabilitiesを後に表示することもあります。

Equity（資本）の項目中で主なものは、Share capital（資本金）と Retained earnings（利益剰余金）です。Share capital は株主が出した資本を指します。Retained earnings は、事業活動によって獲得した利益のうち、会社内に Retained（留保された）金額のことです。

Equity を先に、Liabilities を後に表示することもあります。

Chapter 8 Financial Statements

8-3 Income Tax (法人税)

企業が納めるIncome tax（法人税）の金額は、次のように利益に一定の税率をかけて計算されます。

Profit before income tax（税引前利益）×Tax rate（税率）
= Income tax（法人税）

この金額は期末に確定した利益に対して計算されるので、法人税を計上する時点で税金の支払はありません。したがって、次のような仕訳になります。

Income tax expense（法人税費用）	XXX	
Income tax payable（未払法人税）		XXX

実際に、法人税を支払ったときには以下の仕訳を行います。

Income tax payable	XXX	
Cash		XXX

例）A社の今期の利益は$20,000であった。税率は30%である。

法人税の金額：　$20,000×30%＝$6,000

法人税計上の仕訳

Income tax expense	6,000	
Income tax payable		6,000

納税のために計算される利益はTaxable income（課税所得）といい、課税当局が決めたルールに従って計算されます。このように計算される税務上の利益は、必ずしも会計上の利益とは一致しませんが、ここでは、課税所得＝（税引前）利益としています。

なお、Income taxの直訳は「所得税」です。日本では、所得税で連想されるのは、主に個人の所得に対する税金で、法人税を思い浮かべる人は少ないと思います。しかしながら、日本の「法人税」とは法人に対する所得税のことで、法人に対する所得税も個人に対する所得税と同様、英語ではIncome taxと表すのが一般的です。

Chapter 8 Financial Statements

8-4 Retained Earnings (利益剰余金)

Retained earnings (利益剰余金) は、一会計期間の Profit (当期純利益) が振替えられたものです。その Profit は、Equity (資本) を増やすものです [1 - 3 (3) 参照]。よって、会計期間が終わるたびに Profit から振替えられる Retained earnings は、毎期の企業活動によって獲得された利益の蓄積であり、資本の中に含まれます。

ただし、Loss の場合は、利益剰余金を減少させます。

例) ある期の Profit は $580 であった。また期首の Retained earnings は $1,300 であった。期末の Retained earnings を求めなさい。

$1,300 + 580 = $1,880

例) 上例の次期は、$420 の Loss であった。期末の Retained earnings を求めなさい。

$1,880 − 420 = $1,460 → Retained earnings

Chapter 8 Financial Statements

8-5 Dividends（配当）

決算の結果、利益剰余金が生じた時は、株主に対して Dividends（配当）が行われます。株主への配当は、社外への利益剰余金の流出を意味します。一方、配当の残りは、社内に留保されます。

例）A 社では今期 $5,780 の Retained earnings があり、取締役会が $3,000 の現金配当を宣言した。

取締役会が配当を宣言した時

Retained earnings	3,000	
Dividends payable		3,000

配当金が実際に支払われた時

Dividends payable	3,000	
Cash		3,000

Chapter 8 Financial Statements

Summary (まとめ)

CHECK 要点

- □ 一定期間における企業の経営成績を表す財務諸表を、Income statement という。[8-1]
- □ Profit とは、企業が一定期間に稼いだ全ての収益と使った費用の差額であり、その期間における最終的な利益を表す。[8-1]
- □ ある一定時点における企業の財政状態を表す財務諸表を、Balance sheet という。[8-2]
- □ Assets や Liabilities は、Current と Non-current に分けることができる。[8-2]
- □ Equity の項目の中で、株主が出した部分を Share capital といい、企業が活動して得た利益の部分を、Retained earnings という。[8-2]
- □ Retained earnings は過去から蓄積された Profit であり、Equity の一部である。[8-4]
- □ Retained earnings の中から、株主に対して Dividends が行われる。[8-5]

問題

1．当期純利益を英語で何というか。

2．純売上高が $10,000、売上原価が $4,000、営業費用が $1,500 の場合、売上総利益はいくらになるか。また、営業利益はいくらになるか。

3．利益剰余金を英語で何というか。

4．当期の収益は $50,000、費用が $30,000 だった。また、期首の利益剰余金は $15,000 だった。当期の純利益と、期末の利益剰余金を計算しなさい。

解答

1. Profit (for the year)　2. 売上総利益：$10,000 − 4,000 = $6,000　営業利益：$6,000 − 1,500 = $4,500　3. Retained earnings　4. 純利益：$50,000 − 30,000 = $20,000　利益剰余金：$15,000 + 20,000 = $35,000

CHAPTER 9 ―基本的な前提とGAAP―

1ヶ月目 2ヶ月目 3ヶ月目

難易度レベル ★★☆

Basic Assumptions and GAAP

Bookkeeping & Accounting Test for International Communication

BATIC

Chapter 9 Basic Assumptions and GAAP

9-1 Accrual Accounting and Assumptions (発生主義会計と公準)

ここでは、会計の基本的な考え方について説明しましょう。Accrual Accountingという概念と3つのAssumptions（公準）について説明します。公準とは、ある物事が成立するための当り前の前提をいいます。

(1) Accrual Accounting（発生主義会計）

会計の最も基本的な考え方が、Accrual accounting（発生主義会計）です。Accrual basis accountingとも呼ばれます。企業の会計取引は例外的にCash accounting（現金主義会計）が認められている一部の企業を除いて、すべて発生主義で認識されなければならないとされています。

現金主義とは、売上は現金が入ってきた時点で、費用は現金が出て行った時点で認識する考え方です。これに対し、発生主義とは、売上や費用の計上を、現金が入ってきたり出ていったりする時点ではなく、売上や費用が発生した時点で行うものです。つまり、経営の成果（売上）とそれを獲得するために支払われたコスト（費用）を正しくとらえようとする考え方です。

具体的には、Chapter 2で学んだように、入金を待たずに売上が計上されることや、出金がなくても費用が計上されることが特徴的なものです。またChapter 5で学んだように、期末に、わざわざその期に属する収益と費用を見積もって計上するやり方は、発生主義会計ならではといえるでしょう。

現金主義会計は中世、航海の事業に用いられました。各航海は終了時に財産を分配してそれで完了です。したがって、ある一定期間の期間損益を算出する必要はありませんでした。ところが、現在の企業会計では企業は半永久的に存続することを前提としています。したがって、財産の分配のためというよりも、一定期間の損益を正確に計算し、適正な収益力を測定することが求められるようになり、そのために発生主義会計が用いられるようになったのです。

＜現金収入と会計上の収益＞

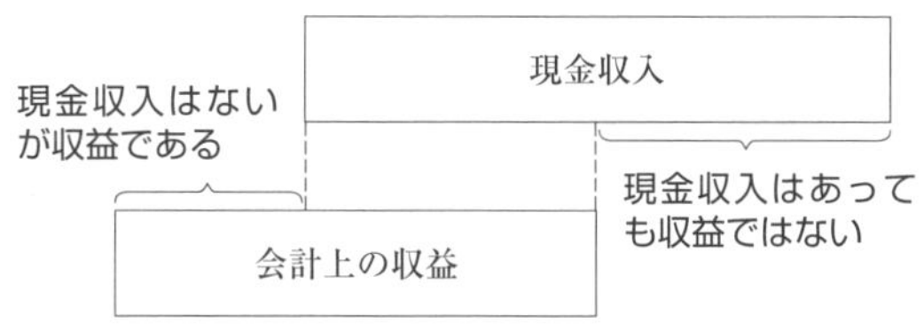

＜現金支出と会計上の費用＞

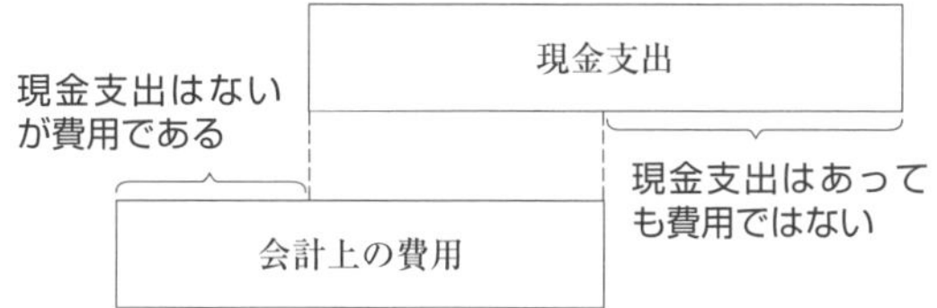

(2) Going Concern Assumption（継続企業の公準）

企業がGoing concern（ゴーイング・コンサーン、継続企業）であるとは、将来にわたって事業を継続していくことを意味します。企業が継続的であるため、その経営成績を測るにあたっては、存続期間を人為的に一定の期間に区切る必要がでてきます。これが、財務諸表が1年ごと（四半期決算であれば3か月ごと）に作られる理由です。つまり、財務諸表は、一定期間の企業の経営活動や財務情報を知らしめるために作られるのです。

また、ゴーイング・コンサーンであるために、貸借対照表にある資産の金額は、購入時のコストを基準に計上することができます。仮に、企業が清算することを前提にしていると考えてみましょう。その場合の資産価値は、売却する予定の価額で計上した方がより適切な情報となります。さらに、固定資産を長期間にわたって費用化する減価償却［5-7］という手続きが認められているのも、企業が継続するという前提があるからです。

MEMO

企業はゴーイング・コンサーンを前提にしていますが、現実には経営に失敗する企業もあります。特に、上場企業がそうなったときの影響は甚大ですから、ゴーイング・コンサーンの前提が危うくなりそうな状況がある場合は、必ず決算書で説明しなくてはならないことになっています。

(3) Monetary Unit Assumption (貨幣的評価の公準)

貨幣すなわちお金は、経済活動であたりまえに用いられています。お金がなくなると、いろいろなモノやサービスを交換するのが難しくなり、さらにはそれらの価値を個別に特定するのが大変難しくなるということは、容易に想像がつくでしょう。

経済活動の主役たる会社の企業活動も、この貨幣という単位を使って、その成績や状態を記録します。会計処理や財務諸表は、貨幣という共通の単位で記録されることによって、だれにとってもわかりやすく、使い勝手の良いものとなるのです。

(4) Economic Entity Assumption (企業実体の公準)

個人が会社を設立するときのことを考えてみましょう。その個人が出資した時、会社自体がまるで一人の人間であるかのようにお金を受け取って、それを資本金として記載します。会計上、会社の所有者である個人と会社は、厳密に区別されます。そして、会社の会計は、その会社に関する取引だけを対象とします。このように、会計における対象を所有者と区別し、企業自体に求めることをEconomic entity assumption (企業実体の公準) といいます。

Chapter 9 Basic Assumptions and GAAP

9-2 Accounting Principles (会計原則)

発生主義会計では、収益と費用は現金の入出金があった時点ではなく、それらが発生した時点で認識する、と学びました。では、具体的にいつの時点で収益と費用を計上すればいいのでしょうか。

(1) Revenue Recognition Principle (収益認識の原則)

顧客に商品を販売する場合、企業はその商品を顧客に引き渡す義務があります。また、サービスを提供する場合には、顧客にそのサービスを提供する義務があります。収益は、このようなPerformance obligation (履行義務) を満たした時に計上します。

実際には様々な販売形態があるので、どのように履行義務が満たされるのかを決めることが難しい場合もあります。そのため、基準や指針に照らして適切な処理を判断することが重要になります。

(2) Matching Principle (費用収益対応の原則)

費用はMatching principle (費用収益対応の原則) によって認識されます。費用は収益を生み出すために使われたものなので、その対象となる収益が認識された時点で、費用も認識しようとする考え方です。売上原価の計算はこの考えに基づいてなされています。また、減価償却費はその資産を使用できる期間にわたって計上しますが、これはその期間中、収益を生み出すのに貢献しているとの仮定があるからです。

一方で、管理部門の給与や家賃の支払いのように、対象となる収益と結び付けるのが難しい費用は、支払いの対象となる期間で費用として処理します。

Chapter 9 Basic Assumptions and GAAP

9-3 GAAP（一般に公正妥当と認められた会計原則）

会計処理を行う場合や財務諸表を作成する場合に従わなければならないルールのことを、Generally Accepted Accounting Principles（一般に公正妥当と認められた会計原則）といいます。頭文字をとってGAAPと略されます。GAAPには、明文化された公式の文書のほか、慣習的に行われている会計処理も含まれます。

GAAPが文書化されたものをAccounting standard（会計基準）といい、独自の文化、習慣、法律を背景にしたものが世界各国にあります。そのため、国境を越えた経済活動が活発になるにつれて、異なる国の会計基準に従って作成された財務諸表を比較することが難しいなど、様々な問題が生じていました。

このような問題を解決するうえで主要な役割を果たしているのがIFRS（International Financial Reporting Standards：国際財務報告基準）です。IFRSは、「高品質で理解可能な、唯一の国際的な会計基準」を開発するという目的で開発されていて、IOSCO（International Organization of Securities Commission：証券監督者国際機構）の支持を得たことをきっかけにして各国に普及しました。現在では、100以上の国と地域で会計基準として適用されています。

IFRSを適用していると言っても、国によって適用の仕方は違います。IFRSを自国の基準として全面採用した国もあれば、自国の基準は維持しながら、それをIFRSと同等のものにする作業を行っている国もあります。米国や日本は後者の立場をとっていて、単一で高品質の国際基準を策定するという共通の目的のもと、米国のFASB（9-4参照）とIASB（9-4参照）、日本のASBJ（Accounting Standards Board of Japan：企業会計基準委員会）とIASBが、それぞれ共同作業を続けています。

※IOSCOとは…世界100カ国以上の証券監督当局や証券取引所等から構成されている国際的な機関で、公正で効率的・健全な証券市場の育成・整備を目的とし、証券市場に関する国際ルールの策定などを行っています。

Chapter 9 Basic Assumptions and GAAP

9-4 Parties Involved in Standard Setting (基準設定の当事者)

会計基準の設定に関わる機関は世界各国に存在します。例えば米国においては、政府機関としてGAAPに責任を持つのはSEC (Securities and Exchange Commission、証券取引委員会) です。ただし、実際に会計基準の設定を行うのはFASB (Financial Accounting Standards Board, 財務会計基準審議会) という民間機関です。SECが権限委譲を行って、FASBの公表する会計基準に法的強制力を持たせているのです。

IFRSの開発や改訂を行うのは、IFRS財団 (The IFRS Foundation) という非営利の民間団体に属するIASB (International Accounting Standards Board、国際会計基準審議会) という基準設定機関です。ロンドンに本拠地がありますが、メンバーは特定の地域の利害に影響されないように、様々な国から選ばれています。

なお、IFRSをその国の会計基準として認めるかどうかは、各国のSECに相当する機関が権限を持ちます。例えば、米国では2007年から上場する外国企業についてIFRSの適用を認めていますが、これはSECが許可したものです。

MEMO

新聞など一般的にはIFRSのことを「国際会計基準」と呼んでいます。会計の観点から厳密に言うと、国際会計基準 (IAS, International Accounting Standards) と国際財務報告基準 (IFRS) は異なります。IASはIASBの前身の組織によって定められた基準ですが、IFRSはIAS及びその解釈指針、並びにその後IASBによって定められたIFRS及びその解釈指針を含む会計基準の総体を意味します。

Chapter 9 Basic Assumptions and GAAP

Summary (まとめ)

CHECK 要点

- □ Accrual accounting の下では、売上や費用の計上を、現金が出入りする時点ではなく、売上や費用が発生する時点で行う。[9-1]
- □ Going concern assumption とは、企業が将来にわたって事業を継続していくという前提。[9-1]
- □ Monetary unit assumption とは、会計処理や財務諸表を貨幣という単位で記録するという前提。[9-1]
- □ Economic entity assumption とは、会計における対象を所有者と区別し、企業自体に求めるという前提。[9-1]
- □ 費用は Matching principle によって認識する。[9-2]
- □ Generally Accepted Accounting Principles とは会計処理や財務諸表の作成にあたって従わなくてはならないルールのこと。[9-3]
- □ 現在 100 以上の国々で採用されている会計基準は IFRS（国際財務報告基準）。[9-3]
- □ 米国会計基準は FASB が、IFRS は IASB が設定している。[9-4]

1. IFRS とは何の略か？
2. GAAP とは何の略か？
3. 企業が継続的に事業を存続していくという会計上の前提を何と言うか？
4. 収益や費用を発生した時点で認識するという会計上の基本的な考え方を何と言うか？
5. 米国で会計基準の設定に権限を持つ政府主体は？
6. 米国で会計基準の設定を行う民間団体は？
7. IFRS の設定を行う民間団体は？

解 答

1. International Financial Reporting Standards
2. Generally Accepted Accounting Principles
3. Going concern assumption (継続企業の公準)
4. Accrual (basis) accounting　5. SEC　6. FASB　7. IASB

CHAPTER 10 ―財務諸表分析―

1ヶ月目 2ヶ月目 3ヶ月目

難易度レベル ★★☆

Financial Statement Analysis

Bookkeeping & Accounting Test for International Communication

BATIC

Chapter 10 Financial Statement Analysis

10-1 Introduction（概要）

財務諸表は、投資家、株主、経営者、債権者など多くの利害関係者が意思決定に役立てる大変重要なものです。なぜなら、そこには会社の経営状態を表す有用な情報がたくさん含まれているからです。彼らは、財務諸表から読み取れる情報を、他社と比較したり、あるいは前の年と比較したりして、現在と将来の経営状況を把握しようとします。

財務諸表から読み取れる主な情報は次のとおりです。

① どのくらい儲かっているか → 10 - 2 Profitability（収益性）

② どのくらい効率的に資産を活用しているか → 10 - 3 Assets Utilisation（資産活用）

③ 借金は多すぎないかどうか → 10 - 4 Liquidity（流動性）、10 - 5 Debt Management（負債管理）

④ 株主・投資家の視点から見た投資効率はどうか → 10 - 6 Overall Financial Measures of Performance（総合的な業績の財務指標）

Chapter 10 Financial Statement Analysis

10-2 Profitability (収益性)

損益計算書には、1年間の売上と費用と利益が示されています。これまで学んできたように、利益は売上より費用を引いて求められます。同じ売上でも、費用が少なければ少ないほど利益が多くなることになります。したがって、利益を売上で割った値は、高ければ高いほど、少ない費用でより効率的に儲けていることを意味します。

Profit margin（当期純利益率　Net income margin ともいう。）$= \frac{\text{Profit}}{\text{Sales}}$

同業他社を比較することで、どちらの会社が、経営がうまいかを知ることができます。また、同じ会社の経年変化を見ることも有用です。例えば、売上が伸びていても、それ以上にコストをかけすぎていれば、利益率が低下します。

例）A 社、B 社ともに売上は \$1,000,000 だが、当期純利益は A 社が \$70,000、B 社が \$100,000 である。

A 社の当期純利益率 $= \frac{\$70,000}{\$1,000,000} = 0.07 = 7\%$

B 社の当期純利益率 $= \frac{\$100,000}{\$1,000,000} = 0.1 = 10\%$

したがって、B 社のほうが、A 社よりも、より効率的に利益を上げているといえる。

Chapter 10 Financial Statement Analysis

10-3 Assets Utilisation (資産活用)

10- 2では、より少ないコストで効率的に利益をあげられているかどうかを判断しました。同じように資産についても効率的に使っているかどうか、企業の経営能力を判断する指標を提供することができます。

(1) Inventory turnover (在庫回転率)

棚卸資産は販売するとCost of sales (売上原価) となります。売上原価は1年間に販売した商品や製品のコストですから、これを棚卸資産の金額で割ると、どのくらいひんぱんに売れているのか、すなわちどのくらい効率的に販売ができているのかがわかります。

$$\text{Inventory turnover (在庫回転率)} = \frac{\text{Cost of sales (売上原価)}}{\text{Inventory (棚卸資産)}^{※}}$$

企業間比較や年度比較のほか、製品別に分析を行えば、どの製品がどのくらいよく売れているのか、という比較もできます。

例）ある企業の商品αと商品βは、それぞれ下記のような売上原価と棚卸資産の金額である。

	商品α	商品β
Cost of sales	$600,000	$400,000
Inventory	$200,000	$100,000

それぞれの在庫回転率は次のように計算される。

$$\text{商品}\alpha\text{の在庫回転率} = \frac{\$600,000}{\$200,000} = 3\text{回転}$$

$$\text{商品}\beta\text{の在庫回転率} = \frac{\$400,000}{\$100,000} = 4\text{回転}$$

したがって、商品 β のほうが商品の回転が速く、より効率的に販売ができていることになる。

なお、慣習的に「率」がついていますが、単位はパーセンテージではなく「回転」となります。次の総資産回転率も同様です。

(2) Total assets turnover（総資産回転率）

一口に資産といっても、現金から売掛金、固定資産といろいろありますが、どの資産も企業経営に使われていることから、これらの資産をどのくらい効率的に活用して売上をあげているかどうかを調べ、経営の巧拙を見ることができます。その方法の代表的なものが、売上と総資産を対比するTotal assets turnover(総資産回転率）です。

$$\text{Total assets turnover（総資産回転率）} = \frac{\text{Sales（売上）}}{\text{Total assets（総資産）}^{※}}$$

例）C社もD社も同じ$1,000,000の売上だが、C社の資産は$1,500,000、D社の資産は$800,000である。両者の総資産回転率を計算すると次のようになる。

$$\text{C社の総資産回転率} = \frac{\$1,000,000}{\$1,500,000} = 0.666\cdots \fallingdotseq 0.67\text{回転}$$

$$\text{D社の総資産回転率} = \frac{\$1,000,000}{\$800,000} = 1.25\text{回転}$$

D社のほうが高い回転率なので、D社のほうが、資産をより効率的に活用し売上をあげているといえる。

※分子が一会計期間を通した結果の数字なので、分母も一会計期間を通した数字（通常は期首と期末の平均値）を用いるのが原則です。ただし、簡便的に期末の数字を用いることもあります。

Chapter 10 Financial Statement Analysis

10-4 Liquidity（流動性）

負債はいわゆる借金と同じことですから、多すぎると返せなくなり、会社経営が行き詰ります。この負債の金額が適正かどうかを診断する方法の一つが、貸借対照表上の Current assets と Current liabilities を比較する方法です。

(1) Current ratio（流動比率）

流動負債は1年以内に返さなければならない借金のようなものです。これを返せるかどうかは、1年以内に現金となるもの、すなわち流動資産がどのくらいあるかが大きな目安となるのです。

$$\text{Current ratio（流動比率）} = \frac{\text{Current assets（流動資産）}}{\text{Current liabilities（流動負債）}}$$

計算式からもわかるように、流動比率が100%以下になると、借金を返せない可能性が高いということになり、倒産の可能性が高まります。さらに、流動資産といってもすぐに現金化できないものも含まれているかもしれないので、一般的には150%以上が望ましいとされています。

例）ある会社の流動資産は＄120,000で、流動負債は＄100,000である。流動比率は次のように計算される。

$$\frac{\$120{,}000}{\$100{,}000} = 1.2 = 120\%$$

MEMO

会計の世界で、流動性とは「現金化のしやすさ」を意味します。もちろん、現金はもっとも流動性の高いものです。例えば、有価証券でも、上場会社の株式であれば、いつでも市場で売ることができ現金と引き換えられるので「流動性が高い」といえますが、販売する市場が確立していない証券であれば「流動性が低い」といえます。

(2) Quick ratio（当座比率）

さて、流動資産の中でも、Inventory（棚卸資産）は、現金を獲得するまでの道のりが比較的長いものです。まだ販売していないからです。状況によっては、販売できるかどうかもわからないこともあるでしょう。したがって、より厳密に支払能力を見るために次のような計算を行うことがあります。

$$\text{Quick ratio（当座比率）} = \frac{\text{Current assets（流動資産）} - \text{Inventory（棚卸資産）}}{\text{Current liabilities（流動負債）}}$$

当座比率は100％を超えるのが理想的ですが、棚卸資産が全て売れないという仮定をしているので、一般的には80％を超えていれば、まずまずと判断されます。

例）前例の会社で、棚卸資産が$20,000、流動資産に含まれていたとする。当座比率は次のように計算される。

$$\frac{\$120{,}000 - \$20{,}000}{\$100{,}000} = 1 = 100\%$$

当座比率が100％であるから、この企業の支払い能力については、問題はなさそうである。

Chapter 10 Financial Statement Analysis

10-5 Debt Management (負債管理)

10 - 4で流動性を学び、企業がCurrent liabilities すなわち1年以内の借金を返す能力を判断する方法を学びました。今度はNon-current liabilities も考慮し、長期的に借金を返す能力を判断する方法を見ていきましょう。

資産は負債と資本で調達されます。資産のうち、どれだけを負債で調達したかを見るのが、Debt ratio(負債比率) で、次の式で表されます。

$$\text{Debt ratio (負債比率)} = \frac{\text{Total debt (総負債)}}{\text{Total assets (総資産)}}$$

債権者にとっては、この比率は低ければ低い方が好まれます。倒産などの際に資金を回収できる可能性が高いからです。一方、株主にとっては、比較的高い方が好まれます。企業が債権者に支払う金利以上に稼いだ場合、資本が少なければ少ないほど、一株あたりの取り分は大きくなるからです。とはいっても、負債は借金で期限のあるものです。多すぎると、回収可能性を心配した債権者が、金利を上げたり資金を引き揚げたりする可能性も出てくるため、倒産の可能性が高まります。したがって、株主の観点から見ても、高すぎるのは問題なのです。

例）同じ業種のE社とF社は、次のような負債と資本である。

	E社	F社
負債	$500,000	$800,000
資本	$300,000	$900,000

$$\text{E社の負債比率} = \frac{\$500,000}{\$500,000 + \$300,000} = 0.625 = 62.5\%$$

$$\text{F社の負債比率} = \frac{\$800,000}{\$800,000 + \$900,000} = 0.4705\cdots \fallingdotseq 47.1\%$$

E社の負債比率のほうが10%以上も高くなっており、F社に比べると財務的に不安がありそうである。

Chapter 10 Financial Statement Analysis

10-6 Overall Financial Measures of Performance（総合的な業績の財務指標）

(1) ROE

ROE は Return On Equity（株主資本利益率）の略であり、次の式で表されます。

$$\text{ROE} = \frac{\text{Profit（当期純利益）}}{\text{Equity（資本）10-3 ※参照}}$$

当期純利益は会社がいろいろな費用や税金を差し引いた後に残る、最終的な利益で、これは原則的には所有者である株主のものです。この利益が、出資した金額に対して多ければ多いほど、株主にとっては儲けさせてくれる会社ということになるわけです。当然、潜在的な株主である投資家もこの値に注目し、株を買うかどうかの基準とします。したがって株主や投資家が最も注目する指標の一つと言えます。

例）G 社と H 社の当期純利益と資本の額は次のようになっている。

	G 社	H 社
当期純利益	$30,000	$40,000
資本	$300,000	$500,000

両者の ROE を計算してみると次のようになる。

$$\text{G 社の ROE} = \frac{\$30{,}000}{\$300{,}000} = 0.1 = 10\%$$

$$\text{H 社の ROE} = \frac{\$40{,}000}{\$500{,}000} = 0.08 = 8\%$$

H 社のほうが当期純利益の額は大きいものの、資本の額が小さい G 社のほうが ROE が高くなっている。すなわち、株主にとっては H 社よりも G 社のほうが、より儲けさせてくれる会社であるということになる。

(2) ROA

ROA は Return On Assets（総資産利益率）の略であり、次の式で表されます。

$$\text{ROA} = \frac{\text{Return（利益）}}{\text{Total assets（総資産）10-3 ※参照}}$$

ROE は株主の視点から、投資の効率性を見る指標でした。ROA は会社全体から投資の効率性を見る指標です。すなわち、全部の資産に対して、どのくらい利益が生み出されているかをみます。総資産は別の側面から見ると、負債＋資本なので、債権者と株主の両者から見た投資の効率性とも言えます。

ここで使う利益は Profit よりも、Operating profit（営業利益）など、支払利息を入れない利益が適するという考え方もあります。なぜなら、支払利息は負債に対するコストであり、純粋に事業にかかわるコストではないからです。

例）ある会社の 2009 年と 2010 年の営業利益と総資産の額は次のようになっている。

	2009 年	2010 年
営業利益	$50,000	$53,000
総資産	$300,000	$350,000

$$2009\text{年の ROA} = \frac{\$50{,}000}{\$300{,}000} = 0.1666\cdots \fallingdotseq 16.7\%$$

$$2010\text{年の ROA} = \frac{\$53{,}000}{\$350{,}000} = 0.1514\cdots \fallingdotseq 15.1\%$$

営業利益は増加しているものの、それ以上に総資産の増加が大きく、投資効率は落ちていることがわかる。

MEMO

ROA は「総資本利益率」と訳されるときもあります。負債は他人資本（Debt capital）、株主資本は自己資本（Owners' capital）ともいい、他人資本と自己資本をあわせたものを総資本（Total capital）ということもあります。この場合、総資本の額は、貸借対照表の原理から、総資産と同じになります。

Chapter 10 Financial Statement Analysis

Summary (まとめ)

CHECK 要点

- □ Profit margin で会社の収益性がわかる。高い方が良い。[10-2]
- □ Inventory turnover で、棚卸資産が効率的に販売できているかがわかる。高い方が良い。[10-3]
- □ Total assets turnover で、資産をどのくらい効率的に活用できているかどうかがわかる。高い方が良い。[10-3]
- □ Current ratio と Quick ratio で流動負債の金額が適正かどうかがわかる。高い方が良い。[10-4]
- □ Debt ratio で負債の金額が適正かどうかがわかる。低い方が良いが、株主の立場からは比較的高いほうが良い。[10-5]
- □ ROE は株主にとって最も重要な指標の一つで、資本に対する利益率を測る。高い方が良い。[10-6]
- □ ROA は全資産に対する投資効率を測る指標。高い方が良い。[10-6]

1. Total debts が $3,000, Total assets が $5,000 のとき、Debt ratio は?
2. Total assets が $1,000, Operating profit が $50 のとき、ROA は?
3. Current assets が $20,000, Current liabilities が $18,000 のとき、Current ratio は?
4. 3で Inventories が $3,000 のとき、Quick ratio は?
5. Equity が $5,000、Profit が $800 のとき、ROE は?
6. Cost of sales が $12,000 で Inventories が $2,000 のとき、Inventory turnover は?
7. Total assets が $10,000, Sales が $20,000 のとき、Total assets turnover は?
8. Profit が $5,000, Sales が $40,000 のとき、Profit margin は?

解 答

1. $\frac{\$3,000}{\$5,000}=\underline{60\%}$　2. $\frac{\$50}{\$1,000}=\underline{5\%}$　3. $\frac{\$20,000}{\$18,000}=\underline{111.1\%}$

4. $\frac{\$20,000-\$3,000}{\$18,000}=\underline{94.4\%}$　5. $\frac{\$800}{\$5,000}=\underline{16\%}$

6. $\frac{\$12,000}{\$2,000}=$ <u>6 回転</u>　7. $\frac{\$20,000}{\$10,000}=$ <u>2 回転</u>　8. $\frac{\$5,000}{\$40,000}=\underline{12.5\%}$

CHAPTER 11 ―内部統制―

Internal Control

Bookkeeping & Accounting Test for International Communication

BATIC

Chapter 11 Internal Control

11-1 Internal Control（内部統制）

Internal Control（内部統制）は、会社内部に設けるルールや業務プロセスのことで、財務諸表の信頼性を確保するために必須のものです。その基本的な考え方として、日本を含めた多くの国においてグローバルスタンダードとなっているのが、米国のトレッドウェイ委員会支援組織委員会（COSO：the Committee of Sponsoring Organizations of the Treadway Commission）が策定したフレームワーク（Internal Control – Integrated Framework）です。このフレームワークでは、内部統制は、次のような目的の達成に関連するとしています。

・業務のEffectiveness（有効性）とEfficiency（効率性）
・報告のReliability（信頼性）、Timeliness（適時性）、Transparency（透明性）
・Compliance（コンプライアンス：関連法規の順守）

企業は、中長期の経営目標から個別のプロジェクトまで様々な目標を設定し、日々それを達成しようと努力しています。その達成度合いを業務の有効性といいます。また、時間、人員、コストといった企業の限られた資源をいかに効率的に活用するかということも、企業経営にとって重要なことです。これを業務の効率性と言います。内部統制が機能すると、業務の有効性と効率性が高まります。

株主や投資家、債権者は財務諸表を手掛かりに意思決定を行います。「財務諸表に虚偽記載がある」と報道された企業の株価がどんどん落ちていくのを目にしたことのある方は多いでしょう。財務報告の信頼性の確保は、企業の資金調達に大きく影響します。外部への報告だけでなく、経営者に現場の正しい財務報告が伝わることも重要です。もし伝わらないとすれば、正しい意思決定が適時にできず、企業経営が行き詰る可能性もあります。

法律や条例を守ることは当然のことですが、組織が大きくなると、事業活動に関連する法令も膨大なものとなり、気付かないうちに法令に違反する可能性がでてきます。このような事態を避けるために、コンプライアンスのための内部統制の仕組みを作り機能させることが求められます。

具体的な内部統制手続きの一例は次のようなものです。

① 資産の記録と管理（custody）は区別する

実際の資産を管理する人と、資産の増減を帳簿に記録する人は同一人であってはなりません。同一人であれば、資産の個人的な流用といった不正がおこりやすく、また不正がおこっても発見できない可能性が高まります。

② 権限は明確にする

一人の担当者がどの範囲まで行うのか、という権限を明確にします。各人の行うべき業務が明確になれば、業務が効率的かつ有効に行われます。また、万が一、不正がおこった場合も、限定的な影響で済みます。

③ 関連する取引には複数の個人や部署が介在する

一人の個人や一つの部署が関連する取引全部を扱うことにすると、不正が発生しやすいものですが、複数にすると、お互いに牽制しあって、不正がおこりにくくなります。

④資産を安全に管理する

現金などの現物資産については、立ち入り禁止区域の設定や施錠管理を行い、取り扱うことができる従業員をできる限り制限します。また、監視カメラを設置するなどして、安全に管理するための環境を整えます。電子データについては、アクセス制限をかけるなどして、情報資産が漏えいすることを防止します。

Chapter 11 Internal Control

11-2 Cash Control (現金管理)

現金は最も盗難や紛失の危険性の高い資産です。クレジットカードやキャッシュカードであれば、紛失してもカード会社や金融機関に即座に利用停止を求めれば、カードを取得した第三者に使いこまれることは防げます。しかし現金は一度盗まれてしまえば、まず返ってきません。

したがって、企業は、現金を適切に管理できる内部統制システムを持たなくてはなりません。

現金の受け取りについては、次のようなポイントがあげられます。

・受け取った時点で直ちに金融機関に預ける。
・現金売上の場合は、レジの記録や、レシートや領収書の控えなどの証憑を必ずつける。
・現金を受け取る担当者は、支払い担当者や記録をつける担当者と別にする。

現金の支払いについては、次のようなポイントがあげられます。

・小切手や銀行振込を用い、原則として現金で支払わない。
・小切手にサインをするあるいは実際に振込を行う担当者は、現金の受け取りを行う担当者や帳簿記録をつける担当者とは別にする。

原則として現金では支払いを行わないことを説明しましたが、現実にはちょっとした文房具の購入や会議のための昼食代などのように、どうしても現金で支払わなくてはならないこともあります。このために企業は、Petty cash（小口現金）を利用します。

(1) Imprest Petty Cash System（定額小口現金前渡制度）

Imprest petty cash system（定額小口現金前渡制度）は、小額の支払いを効率的かつ正確に管理するための仕組みです。

まず一定期間に必要な金額を見積もり、Petty cash box（小口現金金庫）に入れます。金庫の中には、現金の他、Petty cash book（小口現金出納帳）、Authorisation slip（承認メモ）が入っています。現金が必要になった従業員は承認メモにその使用目的等を記入し、小口現金の管理責任者に渡し、承認を得てから、必要額を受け取ります。

もしくは事前に先払いをしておき、払い戻しを請求する際にも承認メモに記入しますが、その際には必ず支払額や目的がわかるような領収書などを添付しなければなりません。

その後は、定期的あるいは小口現金の残りがわずかになったときに、支出金額を集計し、その金額分だけ金融機関より引き出して金庫に補充します(Replenish)。つまり、補充された際には、当初の金額に戻ります。

この方法では、支出の都度、仕訳を行うのではなく、月末や現金の残りがわずかになったときなど、現金の補充の際にまとめて行います。

例）10月1日に、小口現金を$100に設定した。当月はTransportation expense(交通費）$10、Office supplies expense(事務用消耗品費）$24の支払いがあった。10月31日に$34を補充した。

10月1日の仕訳

Petty cash	100	
Cash		100

10月31日の仕訳

Transportation expense	10	
Office supplies expense	24	
Cash		34

(2) Bank Reconciliation（銀行残高調整表）

小切手や手形での支払いを行う場合には、通常、銀行の当座預金(Check account) を利用します。当座預金を用いている場合、銀行の預金残高(Balance per bank：銀行残高) と預金者が把握している残高 (Balance per book：帳簿残高) は常に一致しているとは限りません。そこで、毎月末や決算日などに銀行からBank statement (当座勘定照合表) を発行してもらって銀行残高と帳簿残高を照合し、不一致があればその原因を突き止めて正しい残高に調整します。このような作業を行う時に作成する表を、Bank reconciliation (銀行残高調整表) といいます。

銀行残高調整表では、次のような不一致を調整します。

＜銀行残高を調整する不一致＞

・Deposits in transit(未達預金) …月末に現金を預け入れた場合に、銀行側の処理が翌月になってしまった預入。

・Outstanding checks(未決済小切手) …取引先に振り出したが、取引先がまだ銀行に呈示していない小切手。

・Bank errors(銀行の誤記入)

＜帳簿残高を調整する不一致＞

・Bank service charge(銀行手数料) …当座勘定照合表を受け取るまで預金者が帳簿に記録を行っていない場合。

・NSF(Not-Sufficient-Funds)checks(不渡小切手) …取引先から受け取って銀行に呈示したが、取引先の口座残高の不足により銀行が現金を取り立てることができなかった小切手。

・Bank credit and collections not yet recorded in the books(連絡未通知) …当座預金口座への入金や手形の回収などで預金者に連絡がないもの。

・Depositors errors(預金者の誤記入)

銀行残高調整表には、銀行残高を正しい残高に調整する形式、帳簿残高を正しい残高にする形式、あるいは、これら両方を行う形式があります。このうち、銀行残高と帳簿残高の両方を調整する形式は、次のような構成になっています。

Bank Reconciliation as of Month, Date, Year
銀行残高調整表 XX年XX月XX日現在

Balance per Bank（銀行残高）		$XXX
加算：Deposits in Transit（未達預金）	$XXX	
Bank Errors（銀行の誤記）（過小に記録）	XXX	XXX
減算：Outstanding Checks（未決済小切手）	XXX	
Bank Errors（銀行の誤記）（過大に記録）	XXX	XXX
Correct Cash Balance（あるべき預金残高）		$XXX
Balance per Book（帳簿残高）		$XXX
加算：Interest Earned（受取利息）	$XXX	
Unrecorded Notes Collected by Bank（未記帳の受取手形の回収）	XXX	
Depositor Errors（預金者の誤記）（過小に記帳）	XXX	XXX
減算：NSF* Check Returned（不渡小切手）	XXX	
Bank Service Charges（銀行手数料）	XXX	
Depositor Errors（預金者の誤記）（過大に記帳）	XXX	XXX
Correct Cash Balance（あるべき預金残高）		$XXX

＊NSF：Not-Sufficient-Funds

Chapter 11 Internal Control

Summary (まとめ)

CHECK 要点

- □ Internal control は財務報告の信頼性・業務の有効性と効率性・関連法規の遵守に貢献する。[11-1]
- □ 各国で Internal control の基本的考え方として受け入れられているのが、米国の COSO フレームワークである。[11-1]
- □ Cash は最も盗難や紛失の危険性の高い資産なので、企業は、Cash を適切に管理できる内部統制システムを持たなくてはならない。[11-2]
- □ Imprest petty cash system は、小額の支払いを効率的かつ正確に管理するための仕組み。[11-2]
- □ Imprest petty cash system のもとでは、仕訳は現金を補充した際に行う。[11-2]
- □ 当座預金の銀行残高と帳簿残高を調整するために、Bank reconciliation を作成する。[11-2]

1. 小口現金を当初に設定するときの、Debit（借方）側の Account 名は？
2. 当初、$100 で設定した小口現金だが、当月は $15 の Transportation expense の支払いがあり、月末に $15 を補充した。支払った時の仕訳は？
3. 2で、補充した時の仕訳は？

解 答

1. Petty cash　2. 仕訳はなし

3. Transportation expense　15
　　Cash　　　　　　　　　　15

CHAPTER 12 ―資産と負債の会計処理―

1ヶ月目 2ヶ月目 3ヶ月目

難易度レベル ★★★

Accounting for Assets and Liabilities

Bookkeeping & Accounting Test for International Communication

BATIC

Chapter 12 Accounting for Assets and Liabilities

12-1 Property, Plant and Equipment（有形固定資産）

(1) 有形固定資産の取得原価

Property, plant and equipment（有形固定資産）とは、一つの会計期間以上に渡って、製品の製造、商品やサービスの提供に使用したり、管理部門で使用したりする有形の（Tangible）資産のことを指します。土地や建物、機械、車両、設備などが含まれますが、有形の資産であっても、通常の営業過程において販売目的で所有されるものについては、棚卸資産に区分されます。

有形固定資産のAcquisition cost（取得原価）には、購入代価に加えて手数料、運送費、荷役費、据付費、試運転費など、その資産を使える状態にするまでに支払った費用を含めます。

＜取得原価に含まれるものの例＞

土地を購入する場合…購入対価、仲介手数料、弁護士費用、古い建物の撤去費用（※建物を建設する目的の場合など）

機械・設備を購入する場合…購入対価、引き取り運賃、保険、据付費用、テスト費用など

(2) 有形固定資産の売却・処分

有形固定資産は、耐用年数の途中、または経過後に、売却されたり廃棄処分されたりすることがあります。この時、簿価と処分価格に差額が生じた場合、差額はGainとして貸方計上するか、Lossとして借方計上します。

20X0年12月31日、Lebron社は、事業に使用していた設備（取得原価が$800,000、減価償却費が$300,000）を$550,000で売却した。
売却時点での帳簿価額が$500,000（$800,000－$300,000）、売却益が$50,000（$550,000－$500,000）となり、仕訳は以下のようになる。

Cash	550,000	
Accumulated depreciation	300,000	
Equipment		800,000
Gain on sale of equipment		50,000

Chapter 12 Accounting for Assets and Liabilities

12-2 Intangible Assets (無形資産)

無形資産とは、有形固定資産と同じように長期間にわたって使用する資産ですが、ものとしての具体的なかたちがない (Intangible) 資産です。Patent (特許権)、Copyright (著作権)、Trademark (商標権)、Licence (ライセンス) といった法律上・契約上の権利や Software (ソフトウェア) などが含まれます。預貯金や有価証券などの金融資産は無形資産には含まれません。有形固定資産と同様に、耐用年数にわたって減価償却します。

MEMO

企業買収が行われるとき、多くの場合、買収額と買収される会社の純資産(≒資本)の公正価値(≒時価) との差額が生じます。この差額は、知名度・信用・人的資源といった、財務諸表に個別の資産として表示されない買収される会社の収益力を表すとされ、Goodwill(のれん) と言います。買収した会社は、のれんを非流動資産として計上します。

Chapter 12 Accounting for Assets and Liabilities

12-3 Bonds（社債）

(1) 社債とは

社債は会社が発行する security（有価証券）です。返済期日があり、その期日までの間は定期的に利息を支払わなければならない負債ですが、株式のように市場で多数の投資家に購入してもらうことで、多くの資金を調達することができます。

社債を発行する会社は、Face value（額面価額）と Stated interest rate（表面金利；Coupon rate, Nominal rate とも言う）を決めます。額面価額は、期日に投資家に返済する金額です。そして、額面価額に表面金利をかけた金額が、定期的に支払う利息になります。

(2) 社債発行の会計処理

市場での社債の金利（Effective interest rate（実効金利；Market rate, Yield rate とも言う））は、表面金利と異なる場合があります。この場合、実際に支払われる利息と投資家が想定する利息に差ができてしまいます。

そこで、表面金利が実効金利より高い場合は額面価額より高い価格で発行（プレミアム発行）し、逆に表面金利が実効金利より低い場合は額面価額より低い価格で発行（ディスカウント発行）することで、この差を調整します。これを、償却原価法といいます。

なお、償却原価法には定額法と実効金利法がありますが、本テキストでは実効金利法の説明をします。

MEMO

額面価額で社債を発行することを、Par(額面) 発行といいます。額面発行の場合、償却原価法による調整は行いません。

＜償却原価法＞

投資家に実際に支払われる利息（額面価額 × 表面金利）と、費用として純損益に計上される支払利息（帳簿価額 × 実行金利）の差額を毎期償却して、満期日の帳簿価額が額面価額になるように調整します。

Issue price（社債の発行価額）= Present value* of face value（額面価額の現在価値）+ Present value* of total interest payment（利息の総支払額の現在価値）

＊ present value（現在価値）とは？
複利で一定期間運用することで将来受け取ることができる金額をある一定金額にするために今必要な金額。「将来受け取る金額 ÷ $(1+i)^n$（i は金利、n は運用期間）」で求めることができる。例えば、年利 10%で 3 年後に $13,310 を受け取るには、$13,310÷（1+0.1）÷（1+0.1）÷（1+0.1）= $10,000 となる。

プレミアム発行の例）

発行日：20X0年 1月 1日

満期日：20X4年 12月 31日

額面価額：$100,000

表面金利：10%

実効金利：6%

利息支払日：12月 31日（年一回）

発行価額：$100,000÷(1.06)^5+10,000÷(1.06)+10,000÷(1.06)^2\cdots+10,000÷(1.06)^5≒116,849.46$

	(A)	(B)*	(A)－(B)	
Date（日付）	Cash Paid（額面価額×表面金利）	Interest Expense（帳簿価額×実効金利）	Premium Amortized（プレミアム償却）	Carrying Amount（帳簿価額）
1/1/X0				$116,849.46
12/31/X0	$10,000	$7,010.97	$2,989.03	113,860.43
12/31/X1	10,000	6,831.63	3,168.37	110,692.05
12/31/X2	10,000	6,641.52	3,358.48	107,333.58
12/31/X3	10,000	6,440.01	3,559.99	103,773.59
12/31/X4	10,000	6,226.42	3,773.59**	100,000.00

＊社債の前期末帳簿価額 ×6%　＊＊端数調整を行っている

発行時の仕訳

Cash	116,849	
Bonds payable		116,849

利払日の仕訳（20X0年 12月 31日）

Interest expense	7,011	
Bonds payable	2,989	
Cash		10,000

ディスカウント発行の例）

発行日：20X0年 1月 1日
満期日：20X4年 12月 31日
額面価額：$100,000
表面金利：9%
実効金利：11%
利息支払日：12月 31日（年一回）
発行価額：$100{,}000 \div (1.11)^5 + 9{,}000 \div (1.11) + 9{,}000 \div (1.11)^2 \cdots + 9{,}000 \div (1.11)^5 \fallingdotseq 92{,}608.21$

	(A)	(B)*	(B)−(A)	
Date（日付）	Cash Paid（額面価額×表面金利）	Interest Expense（帳簿価額×実効金利）	Discount Amortized（ディスカウント償却）	Carrying Amount（帳簿価額）
1/1/X0				$92,608.21
12/31/X0	$9,000	$10,186.90	$1,186.90	93,795.11
12/31/X1	9,000	10,317.46	1,317.46	95,112.58
12/31/X2	9,000	10,462.38	1,462.38	96,574.96
12/31/X3	9,000	10,623.25	1,623.25	98,198.20
12/31/X4	9,000	10,801.80	1,801.80	100,000.00

＊社債の前期末帳簿価額 ×11%

発行時の仕訳

Cash	92,608	
Bonds payable		92,608

利払日の仕訳（20X0年 12月 31日）

Interest expense	10,187	
Cash		9,000
Bonds payable		1,187

Chapter 12 Accounting for Assets and Liabilities

Summary (まとめ)

CHECK 要点

- □ 有形固定資産の Acquisition cost には、購入代価のほかに、運送費・荷役費・据付費など、その資産を使える状態にするまでに支払った費用を含める。
- □ 有形固定資産を処分した時に簿価と処分価格に差額が生じた場合は、その差額を Gain または Loss として計上する。
- □ ものとしての具体的なかたちがない長期間にわたって使用する資産を、Intangible asset という。
- □ Bonds とは、会社が発行する security（有価証券）で、購入者に対して定期的な利息を支払い、満期日に元本を返済する負債である。
- □ Bonds の Stated interest rate が Effective interest rate より高い場合は Premium 発行し、逆に Stated interest rate が Effective interest rate より低い場合は Discount 発行する。

問題

1. A社は、売価 \$7,000 の機械を購入した。その際、機械の A社までの運送費として \$500、据付費として \$300 を支払った。取得原価はいくらか。
2. 簿価 \$3,000 の車両を \$2,500 で売却した。売却損益はいくらか。
3. 1月 1日、B社は、額面 \$20,000、利率 3%、2年満期で利息の支払いは年一回 12月31日の社債を発行した。実行金利は 4%である。発行価額を計算しなさい。

解答

1. \$7,000 ＋ \$500 ＋ \$300 ＝ \$7,800
2. \$2,500 − \$3,000 ＝ \$500 の売却損
3. 額面価額の現在価値：$\$20,000 \div (1 + 4\%)^2 \fallingdotseq \$18,491$
   利息の総支払額の現在価値：$\$20,000 \times 3\% \div (1 + 4\%) + \$20,000 \times 3\% \div (1 + 4\%)^2 \fallingdotseq \$1,132$
   発行価額：\$18,491 ＋ \$1,132 ＝ \$19,623

APPENDIX

Example of Income Statement Example of Balance Sheet

Bookkeeping & Accounting Test for International Communication

BATIC

Appendix

Example of Income Statement (損益計算書のサンプル)

ABC Company
INCOME STATEMENT
For The Year Ended December 31, 20X0

Sales	$452,785
Cost of sales	(347,143)
Gross profit	105,642
Selling expenses	(63,718)
General and administrative expenses	(2,702)
Reserch and development expenses	(2,487)
Operating profit	36,735
Interest income	464
Interest expenses	(1,667)
Profit before tax	35,532
Income tax expense	(7,540)
Profit	$ 27,992

Appendix

Example of Balance Sheet（貸借対照表のサンプル）

ABC Company
BALANCE SHEET
As of December 31, 20X0

ASSETS		LIABILITIES AND EQUITY	
Current assets		Current liabilities	
Cash	$ 2,300	Accounts payable	$ 1,400
Accounts and notes receivable	54,064	Short-term loans payable	1,000
Less: allowance for doubtful account	(8,000)	Income tax payable	3,330
Inventories	4,666		5,730
Prepaid expense	2,000		
	55,030	Non-current liabilities	
		Bonds payable	20,000
Non-current assets		Lease obligation	10,000
Land	10,200		30,000
Building	31,126		
Less: accumulated depreciation	(877)	Equity	
	40,449	Share capital	10,000
		Retained earnings	49,749
			59,749
Total assets	$95,479	Total liabilities and equity	$95,479

Index

J

L

M

N

O

P

Q

R

S

T

U

V

W

単語帳

基本的な簿記・会計の用語と、ビジネスの場面でよく使われる簿記・会計に関連する単語をまとめました。複数の意味がある用語・単語については、簿記・会計にかかわる意味だけ表示しています。

English - Japanese

A	
□ Account	勘定、掛け勘定
□ Accountant	会計士、経理担当者
□ Account balance	勘定残高
□ Accounting	会計
□ Accounting cycle	会計サイクル、簿記一巡の手続き
□ Accounting equation	会計等式
□ Accounting period	会計期間
□ Accounting standard	会計基準
□ Accounts payable	買掛金
□ Accounts receivable	売掛金
□ Account title	勘定科目名
□ Accrued expense	未払費用
□ Accrued revenue	未収収益
□ Accumulated depreciation	減価償却累計額
□ Acquisition	[資産の] 購入、[企業] 買収
□ Acquisition cost	取得原価
□ Adjusting entries	決算修正仕訳
□ Advertising expense	広告費
□ Agent	代理人
□ Agreement	合意、同意、契約書
□ Allowance	[支払額の] 控除、引当金
□ Allowance for doubtful accounts	貸倒引当金
□ Amount	金額
□ Asset	資産
□ Associated company	関連会社
□ Audit	監査
□ Automobile	車両運搬具

B	
□ Balance	残高、収支
□ Balance sheet	貸借対照表

キリトリ

☐ Bankruptcy	倒産、破産
☐ Beginning inventory	期首在庫、期首商品棚卸高
☐ Benefit	便益、効果、利益
☐ Bill	請求書
☐ Board of directors	取締役会
☐ Bond (Bonds payable)	社債
☐ Book	帳簿
☐ Bookkeeper	帳簿係
☐ Bookkeeping	簿記
☐ Book value	簿価、帳簿価額
☐ Building	建物
☐ Business	事業

C	
☐ Capital	資本
☐ Cash	現金
☐ Cash accounting	現金主義会計
☐ Cash book	現金出納帳
☐ Check（英：Cheque）	小切手
☐ Checking account	当座預金
☐ Client	顧客
☐ Collection	回収
☐ Commission	手数料
☐ Common stock	普通株式
☐ Communication expense	通信費
☐ Contract	契約
☐ Cost of sales (Cost of goods sold)	売上原価
☐ Credit	貸方、信用
☐ Creditor	債権者
☐ Current asset	流動資産
☐ Current liability	流動負債
☐ Customer	顧客、得意先

D	
☐ Debit	借方
☐ Debt	負債、債務

キリトリ

☐ Debt Capital	他人資本
☐ Debtor	債務者
☐ Delivery	[商品の] 引渡し
☐ Department	部署
☐ Deposit	預金、手付金、担保
☐ Depreciation	減価償却
☐ Depreciation expense	減価償却費
☐ Director	取締役
☐ Discount	割引、値引き
☐ Discount rate	割引率
☐ Dividend	配当
☐ Dividends payable	未払配当金
☐ Double-entry bookkeeping	複式簿記
☐ Down payment	[分割払いの] 頭金
☐ Due date	支払期日

E	
☐ Economic benefit	経済的便益
☐ Employee	従業員
☐ Employer	雇用主
☐ Ending inventory	期末在庫、期末商品棚卸高
☐ Entertainment expense	交際費
☐ Equipment	設備・備品、器具
☐ Equity	資本
☐ Estimate	見積り
☐ Expenditure	支出
☐ Expense	費用

F	
☐ Fair value	公正価値
☐ Fee	料金
☐ Finance	財務
☐ Financial accounting	財務会計
☐ Financial position	財政状態
☐ Financial reporting	財務報告
☐ Financial statements	財務諸表

キリトリ

☐ Financing	資金調達、資金提供
☐ Foreign exchange	外国為替
☐ Freight	積荷、運送料
☐ Furniture	什器・備品、家具
☐ Future economic benefit	将来の経済的便益

G	
☐ Gain	利得
☐ General ledger	総勘定元帳
☐ Going concern	継続企業
☐ Goods	商品
☐ Goodwill	のれん
☐ Gross profit	売上総利益

H	

I	
☐ Impairment	減損
☐ Income	収益
☐ Income statement	損益計算書
☐ Income tax	[法人] 所得税
☐ Income tax expense	支払法人税
☐ Insurance expense	支払保険料
☐ Interest	利子
☐ Interest expense	支払利息
☐ Interest income	受取利息
☐ Interest payable	未払利息
☐ Interest receivable	未収利息
☐ Internal control	内部統制
☐ Inventory	在庫、棚卸資産
☐ Investment	投資
☐ Invoice	請求書

J	
☐ Journal	仕訳帳
☐ Journal entry (Journalizing)	仕訳

キリトリ

K

L

□ Land	土地
□ Law	法律
□ Ledger	元帳
□ Liability	負債
□ Liquidity	流動性
□ Loan (Loans payable)	借入金
□ Loss	損失

M

□ Machine (Machinery)	機械装置
□ Maker	［手形の］振出人
□ Management	経営、経営者、経営陣、管理
□ Manufacturer	製造者、メーカー
□ Margin	マージン、利ざや
□ Market	市場
□ Marketable securities	有価証券
□ Market price	市場価格
□ Meeting expense	会議費
□ Merchandise	商品
□ Merger	［吸収］合併
□ Miscellaneous expense	雑費

N

□ Net asset	純資産
□ Net income	純利益
□ Net loss	純損失
□ Net purchase	純仕入
□ Non-current asset	固定資産、非流動資産
□ Non-current liability	固定負債、非流動負債
□ Normal operating cycle rule	正常営業循環基準
□ Note	手形
□ Notes payable	支払手形
□ Notes receivable	受取手形

キリトリ

O	
☐ Obligation	債務、義務
☐ Office supplies expense	消耗品費
☐ One-year rule	一年基準
☐ Operating expense	営業費用
☐ Operating profit (Operating income)	営業利益
☐ Ordinary share	普通株式
☐ Owners' capital (Owners' equity)	所有者持分、自己資本、株主資本

P	
☐ Parent	親会社
☐ Patent	特許権
☐ Payee	［手形の］受取人、名宛人
☐ Payment	支払い
☐ Payroll	給与
☐ Payroll accounting	給与計算
☐ Performance	業績
☐ Petty cash	小口現金
☐ Petty cash book	小口現金出納帳
☐ Plant	工場
☐ Posting	転記
☐ Preference share（Preferred stock）	優先株式
☐ Prepaid expense	前払費用
☐ Prepaid rent expense	前払賃借料
☐ Present value	現在価値
☐ Price	価格、値段
☐ Product	製品
☐ Profit	利益
☐ Profitability	収益性
☐ Profit and loss statement	損益計算書
☐ Project	計画、事業
☐ Property	不動産
☐ Property, plant and equipment	有形固定資産
☐ Provision	引当金
☐ Purchase	仕入、購入、買付け
☐ Purchase allowance	仕入値引

キリトリ

□ Purchase discount	仕入割引
□ Purchase on account	掛け仕入、掛け購入
□ Purchase order	注文書
□ Purchase return	仕入返品
□ Purchase transaction	仕入取引

Q

R

□ Receipt	レシート、領収書
□ Recognition	認識
□ Refund	返金、払戻し
□ Rent expense	賃借料
□ Rent income	賃貸料
□ Residual interest	残余持分
□ Residual value	残存価額
□ Resource	資源、資産
□ Result of operation	経営成績
□ Retailer	小売業者
□ Retained earnings	利益剰余金
□ Return	返品
□ Revenue	収益
□ Reversing entry	再振替仕訳

S

□ Salary	給与
□ Salaries expense	支払給与
□ Salaries payable	未払給与
□ Sales	売上
□ Sales allowance	売上値引
□ Sales discount	売上割引
□ Sales on account	掛け売上、掛け販売
□ Sales return	売上返品
□ Sales transaction	販売取引
□ Schedule	明細表、一覧表、予定表
□ Securities	［有価］証券

キリトリ

☐ Selling, general and administrative expense	販売管理費
☐ Share	株式
☐ Share capital	資本金
☐ Shareholder (Stockholder)	株主
☐ Shareholders' equity (Stockholders' equity)	株主資本
☐ Shareholders' meeting	株主総会
☐ Single-entry bookkeeping	単式簿記
☐ Stakeholder	利害関係者
☐ Stock	株式、在庫
☐ Straight-line method	定額法
☐ Subsidiary	子会社
☐ Subsidiary ledger	補助元帳
☐ Sundries	諸口
☐ Supplier	供給者

T	
☐ Tax	税金
☐ Telephone expense	電話代
☐ Term	期間、条件
☐ Time deposit	定期預金
☐ Trademark	商標
☐ Transaction	取引
☐ Travel expense	旅費交通費
☐ Treasury share (Treasury stock)	自己株式
☐ Trial balance	試算表

U	
☐ Unearned rent income	前受賃貸料
☐ Unearned revenue	前受収益
☐ Useful life	耐用年数
☐ Utilities expense	水道光熱費

V	
☐ Value	価額、価値
☐ Vendor	仕入先、売り手
☐ Voucher	バウチャー、伝票

キリトリ

W	
☐ Warehouse	倉庫
☐ Warranty	［製品］保証
☐ Wholesaler	卸売業者
☐ Working capital	運転資本
☐ Worksheet	精算表

X, Y, Z	

日本語 - 英語

ア	
赤字	Deficit
［分割払いの］頭金	Down payment

イ	
一年基準	One-year rule

キリトリ

ウ	
受取手形	Notes receivable
受取利息	Interest income
売上	Sales
売上原価	Cost of sales, Cost of goods sold
売上債権	Trade receivable
売上総利益	Gross profit
売上値引	Sales allowance
売上返品	Sales return
売上割引	Sales discount
売掛金	Accounts receivable
運送料	Freight, Shipping cost
運転資本	Working capital

エ	
営業費用	Operating expense
営業利益	Operating profit, Operating income

オ	
親会社	Parent
卸売業者	Wholesaler

カ	
買掛金	Accounts payable
会議費	Meeting expense
会計	Accounting
会計期間	Accounting period
会計基準	Accounting standard
会計士	Accountant
会計等式	Accounting equation
外国為替	Foreign exchange
回収	Collection
価格	Price
価額	Value
掛け売上	Sales on account
掛け仕入	Purchase on account
貸方	Credit
貸倒引当金	Allowance for doubtful accounts
[吸収] 合併	Merger
株式	Share, Stock
株主	Shareholder, Stockholder
株主資本	Shareholders' equity, Stockholders' equity, Owners' equity
株主総会	Shareholders' meeting
借入金	Loan, Loans payable
借方	Debit
監査	Audit
勘定	Account
勘定科目名	Account title
勘定残高	Account balance
管理	Management
関連会社	Associated company

キリトリ

キ	
機械装置	Machine, Machinery
期間	Period, Term
期首在庫	Beginning inventory
期末在庫	Ending inventory
給与	Payroll, Salary, Wage
給与計算	Payroll accounting
供給者	Supplier
業績	Performance
金額	Amount

ク	

ケ	
経営	Management
経営陣	Management
経営成績	Result of operation
計画	Plan, Project
経済的便益	Economic benefit
契約	Agreement, Contract, Deal
経理担当者	Accountant
決算修正仕訳	Adjusting entries
原価	Cost
減価償却	Depreciation
減価償却費	Depreciation expense
減価償却率	Depreciation rate
減価償却累計額	Accumulated depreciation
現金	Cash
現金出納帳	Cash book
現在価値	Present value
減損	Impairment

コ	
合意	Agreement
広告費	Advertising expense
交際費	Entertainment expense

キリトリ

工場	Plant
公正価値	Fair value
小売業者	Retailer
子会社	Subsidiary
小切手	Cheque, Check
顧客	Customer, Client
小口現金出納帳	Petty cash book
固定資産（非流動資産）	Non-current asset
固定負債（非流動負債）	Non-current liability
雇用主	Employer

サ	
債権者	Creditor
在庫	Inventory, Stock
財政状態	Financial position
再振替仕訳	Reversing entry
債務	Debt, Obligation
債務者	Debtor
財務	Finance
財務会計	Financial accounting
財務諸表	Financial statements
財務報告	Financial reporting
雑費	Miscellaneous expense
残存価額	Residual value, Salvage value, Scrap value
残高	Balance
残余持分	Residual interest

シ	
仕入	Purchase
仕入業者	Vendor
仕入取引	Purchase transaction
仕入値引	Purchase allowance
仕入返品	Purchase return
仕入割引	Purchase discount
事業	Business, Project
資金調達	Financing

キリトリ

キリトリ

資金提供	Financing
自己株式	Treasury share, Treasury stock
自己資本	Owners' equity
資産	Asset
試算表	Trial balance
支出	Disbursement, Expenditure, Spending
市場	Market
市場価格	Market price
支払い	Disbursement, Payment
支払期日	Due date
支払給与	Salaries expense
支払手形	Notes payable
支払法人税	Income tax expense
支払保険料	Insurance expense
支払利息	Interest expense
資本	Capital, Equity
資本金	Share capital
締切仕訳	Closing entry
社債	Bond, Bonds payable
車両運搬具	Automobile
収益	Income, Revenue
収益性	Profitability
什器・備品	Equipment, Furniture
従業員	Employee
収支	Balance
取得原価	Acquisition cost
純仕入	Net purchase
純資産	Net asset
純損失	Net loss
純利益	Net income
証券	Securities
消費者	Consumer
商標	Trademark
商品	Goods, Merchandise
消耗品費	Office supplies expense
賞与	Bonus

将来の経済的便益	Future economic benefit
諸口	Sundries
[法人] 所得税	Income tax
所有者持分	Owners' equity
仕訳	Journal entry, Journalizing
仕訳帳	Journal
信用	Credit

ス	
水道光熱費	Utilities expense

セ	
請求書	Bill, Invoice
税金	Tax
精算表	Worksheet
正常営業循環基準	Normal operating cycle rule
製造者	Manufacturer
製品	Product
設備	Equipment

ソ	
総勘定元帳	General ledger
倉庫	Warehouse
損益勘定	Income summary
損益計算書	Income statement, Profit and loss statement
損失	Loss

タ	
貸借対照表	Balance sheet
耐用年数	Useful life
代理人	Agent
建物	Building
棚卸資産	Inventory
他人資本	Debt Capital

キリトリ

チ	
注文	Order
注文書	Purchase order
帳簿	Book
帳簿係	Bookkeeper
賃借料	Rent expense
賃貸料	Rent income

ツ	
通信費	Communication expense

テ	
定額法	Straight-line method
定期預金	Time deposit
手形	Note
手数料	Commission
手付金	Deposit
転記	Posting
伝票	Slip, Voucher
電話代	Telephone expense

ト	
当座預金	Checking account
倒産	Bankruptcy
投資	Investment
土地	Land
特許権	Patent
取締役	Director
取締役会	Board of directors
取引	Transaction, Deal

ナ	
名宛人（手形受取人）	Payee
内部統制	Internal control

ニ	
認識	Recognition

ヌ	

ネ	
値引き	Discount

ノ	
のれん	Goodwill

ハ	
[企業] 買収	Acquisition
配当	Dividend
販売管理費	Selling, general and administrative expense
販売取引	Sales transaction

ヒ	
引当金	Allowance, Provision
[商品の] 引渡し	Delivery
備品	Equipment
費用	Cost, Expense
品質管理	Quality control

フ	
負債	Debt, Liability
部署	Department
普通株式	Ordinary share, Common stock
不動産	Property
[手形の] 振出人	Maker

ヘ	
便益	Benefit
返金	Refund
変動費	Variable cost
返品	Return

キリトリ

ホ	
法律	Law
簿価	Book value
簿記	Bookkeeping
簿記一巡の手続き	Accounting cycle
[製品] 保証	Warranty

マ	
前受収益	Unearned revenue
前受賃貸料	Unearned rent income
前払賃借料	Prepaid rent expense
前払費用	Prepaid expense

ミ	
未収収益	Accrued revenue
未収利息	Interest receivable
見積り	Estimate
未払給与	Salaries payable
未払配当金	Dividends payable
未払費用	Accrued expense
未払利息	Interest payable

ム、メ	

モ	
元帳	Ledger

ヤ	

ユ	
有価証券	Marketable securities, Securities
有形固定資産	Property, plant and equipment
優先株式	Preference share, Preferred stock

ヨ	
預金	Deposit

キリトリ

ラ

リ

利益	Profit
利益剰余金	Retained earnings
利害関係者	Stakeholder
利ざや（マージン）	Margin
利子	Interest
利得	Gain
流動資産	Current asset
流動性	Liquidity
流動負債	Current liability
料金	Fee
領収書	Receipt
旅費交通費	Travel expense

ル、レ、ロ

ワ

割引	Discount
割引率	Discount rate

ヲ

キリトリ

Abbreviation 略語

略語	正式名称
B/S	Balance sheet 貸借対照表
CEO	Chief executive officer 最高経営責任者
COS	Cost of sales 売上原価
CP	Commercial paper コマーシャルペーパー
FIFO	First-in, first-out 先入れ先出し
GAAP	Generally accepted accounting principles 一般に公正妥当と認められた会計原則
IFRS	International Financial Reporting Standards 国際財務報告基準
LIFO	Last-in, first-out 後入れ先出し
N/A	Not applicable 該当なし
P/L	Profit and loss statement 損益計算書
PO	Purchase order 注文書、発注書
PPE	Property, plant and equipment 有形固定資産
R&D	Research and development 研究開発
ROA	Return on assets 総資産利益率
ROE	Return on equity 資本利益率
SGA	Selling, general and administrative expense 販売管理費

キリトリ

BATIC（国際会計検定）® 公式テキスト

2021年　2月25日　初版第1刷発行
2022年　6月10日　初版第2刷発行

編　集　東京商工会議所
発行者　湊元　良明
発行所　東京商工会議所
検定センター
〒100-0005　東京都千代田区丸の内3-2-2
（丸の内二重橋ビル）
TEL（03）3989-0777
協　力　（株）イーストゲート
発売元　（株）中央経済グループパブリッシング
〒101-0051 東京都千代田区神田神保町1-31-2
TEL（03）3293-3381
FAX（03）3291-4437
印刷所　こだま印刷（株）

ISBN978-4-502-38501-8 C3034